# EL CONTROL
# TOTAL

Del deseo humano de dominar
al destino de la humanidad

**EL CONTROL TOTAL**
Del deseo humano de dominar al destino de la humanidad

---

**Edición en español publicada por**
Mañón-Rossi Ministries

**Copyright © 2025 por Otto Mañón**
TODOS LOS DERECHOS RESERVADOS.
ISBN: 979-8-9934128-0-1
Primera edición: 2025
IMPRESO EN LOS ESTADOS UNIDOS DE AMÉRICA
PRINTED IN THE UNITED STATES OF AMERICA

---

**Mañón-Rossi Ministries** es el brazo de enseñanza y publicación de Iglesia Casa de Bendición Inc. y de su Instituto de Capacitación Bíblica (ICBI), dedicado a producir recursos cristocéntricos que glorifiquen a Jesucristo, honren su evangelio y promuevan la sana doctrina.

Este libro nació como material de apoyo para los cursos de escatología de ICBI y para la formación bíblica de los miembros de Iglesia Casa de Bendición Inc.; sin embargo, su contenido se ofrece a toda la Iglesia de habla hispana que desea comprender, a la luz de la Palabra, los tiempos que vivimos y afirmar su esperanza en el señorío de Cristo.

Todo lo que produce Mañón-Rossi Ministries forma parte del esfuerzo docente de ICBI y se elabora con un mismo compromiso: exaltar a Jesucristo, servir a la iglesia local y sostener, sin negociación, que la única y suficiente fuente de autoridad para la fe y la vida es la Biblia.

COLECCIÓN DE

# ÍNDICE GENERAL
## POR SECCIONES

### SECCIÓN I — PÁGINAS PRELIMINARES

    Portada
    Página legal
    Dedicatoria
    Agradecimientos
    Nota del autor
    Prólogo I – Pr. Javier Paulino
    Prólogo II – Pr. Román Bilchez

**Prefacio** .................................................................................................... 1
**Marco conceptual** ................................................................................... 5

### SECCIÓN II — EL DINERO, EL HOMBRE Y LA MENTE

**CAPÍTULO 1** – EL DINERO DE LA BESTIA ............................................ 16
**CAPÍTULO 2** – EL HOMBRE DESFIGURADO ...................................... 25
**CAPÍTULO 3** – LA MENTE CAUTIVA ..................................................... 37

### SECCIÓN III — CASA, FAMILIA Y RESISTENCIA

**CAPÍTULO 4** – TERAPIA FAMILIAR PARA TIEMPOS DE BESTIA ....... 47

### SECCIÓN IV — PROFECÍA, NÚMEROS Y LEALTADES

**CAPÍTULO 5** – EL PROFETA DEL DRAGÓN ........................................ 55
**CAPÍTULO 6** – LA SOCIOLOGÍA DEL CONTROL ............................... 61
**CAPÍTULO 7** – EL 666 Y LA FÁBRICA DE NÚMEROS ........................ 66
**CAPÍTULO 8** – EL CORDERO QUE VENCE ......................................... 72

## SECCIÓN V — EL RELOJ PROFÉTICO Y LOS IMPERIOS

**CAPÍTULO 9** – LA SEMANA SETENTA Y EL PACTO CONFIRMADO ................... 78
**CAPÍTULO 10** – EL RELOJ PROFÉTICO DE DIOS Y LA ILUSIÓN DE CONTROL HUMANO ................... 87
**CAPÍTULO 11** – LOS IMPERIOS Y LA OBSESIÓN DE CONTROLAR ................... 98
**CAPÍTULO 12** – DE LOS IMPERIOS AL IMPOSTOR FINAL ................... 107

## SECCIÓN VI — EL IMPOSTOR FINAL

**CAPÍTULO 13** – EL ANTICRISTO EN LA PROFECÍA BÍBLICA ................... 118
**CAPÍTULO 14** – LA OBSESIÓN HUMANA POR IDENTIFICAR AL ANTICRISTO ................... 132

## SECCIÓN VII — LA ERA DIGITAL Y LA GUERRA POR LA VERDAD

**CAPÍTULO 15** – INTELIGENCIA SIN SANTIDAD / GEOPOLÍTICA DEL CONTROL Y LA VIGILIA DE LOS SANTOS ................... 142
**CAPÍTULO 16** – EL CLIMA COMO COARTADA | EL "GREEN NEW DEAL" Y EL ENSAYO GENERAL DEL CONTROL ECOLÓGICO ................... 159

## [INTERLUDIO ESCATOLÓGICO]
DEL CONTROL TOTAL A LA HORA UNDÉCIMA ................... 157

**CAPÍTULO 17** – CONTROL DEL DISCURSO / CENSURA DIGITAL Y GUERRA CONTRA LA VERDAD ................... 172

## SECCIÓN VIII — CIERRE Y AUTOR

**EPÍLOGO** – ASÍ SE VIVE EN LA HORA UNDÉCIMA ................... 182

# AGRADECIMIENTOS

Doy gracias primeramente a nuestro Señor y Salvador Jesucristo, porque "separados de Él nada podemos hacer" (Juan 15:5). Este libro no existiría sin su Palabra viva que ilumina cada paso y sin su Espíritu que guía a toda verdad.

**A mi esposa, Milquella (Milky) Mañón-Rossi**, por su paciencia, amor y respaldo constante. Tu apoyo silencioso ha sido la columna discreta que sostiene mi jornada y la melodía suave que acompaña mis desvelos.

A mis hijos **Vanessa, Moisés Jr., Arlene** y **Shamara**, y a mis hijos del corazón **Steven, Alyeris, Julio** y **Rosalina**. Ustedes son la razón más profunda de mi perseverancia. Cada página escrita lleva su nombre escondido y es herencia espiritual para sus vidas y para las generaciones que vendrán.

A mis nietos: **Moisés III, Zefira, Olivia, Hadassah, Xelvian, Xianeli, Luna, Azaliah, Eliana, Asahel, Samson, Aviel** y **Abram**, en orden de nacimiento. Cada uno es un manantial de alegría y una chispa de energía fresca que enciende mi espíritu a seguir sembrando palabra, porque sé que ustedes recogerán los frutos.

A mis hermanos **Wilfredo, Noris, Bernabé, Yvonne, Loida, Alfonsina, Ludgarda, Inés, Dilexis** e **Israel**. Sus palabras de ánimo, su amor, su confianza y su empuje son decisivos para que este proyecto no se quede en ideas dispersas, sino que se transforme en un libro vivo y terminado. Gracias por motivarme a correr con urgencia la carrera que el Señor me puso delante.

A mis hermanos en la fe de **Iglesia Casa de Bendición Inc.**, en Marietta, GA. Sus oraciones, interacciones y muestras de amor se convirtieron en semillas que florecieron en estas páginas. Este libro también les pertenece.

A los amigos que, con críticas constructivas, con palabras de ánimo o incluso con su silencio expectante me empujaron a profundizar en la Palabra y en la historia. Cada gesto, pequeño o grande, ayudó a dar forma al manuscrito.

**Y finalmente, a ti, querido lector**. Gracias por prestar tus ojos y tu corazón a estas páginas. Mi oración *es* que no encuentres aquí mera información, sino transformación; que cada línea sea chispa de esperanza y cada capítulo, un llamado vivo de Dios a tu vida.

# NOTA DEL AUTOR

Gracias por tomar este libro en tus manos. No se escribió como tratado académico ni como curiosidad religiosa, sino como fruto de una caminata pastoral en tiempos de urgencia espiritual.

Nace inmediatamente después del 11.º aniversario de Iglesia Casa de Bendición Inc., como recordatorio de que el tiempo es corto y la misión es urgente. El contenido se usa como material de apoyo en los cursos de escatología del Instituto de Capacitación Bíblica de Iglesia Casa de Bendición Inc. (ICBI), pero está pensado para todo creyente, líder o estudiante serio de la Palabra que desee profundizar en el Reino de Dios y en la esperanza del retorno de Cristo.

**Este libro no reemplaza:**
- la lectura constante y obediente de la Biblia;
- la predicación y consejería de la iglesia local;
- la oración personal y la vida congregacional;
- la asesoría profesional (legal, médica, psicológica, financiera o de salud mental) cuando sea necesaria.

Las reflexiones aquí presentadas iluminan la realidad contemporánea a la luz de la Escritura, pero no son instrucciones políticas partidistas ni diagnósticos clínicos ni dictámenes jurídicos. El lector debe examinarlo todo a la luz de la Palabra de Dios y retener lo que contribuya a la santidad personal, familiar y congregacional.

Salvo indicación en contrario, las citas bíblicas proceden de la Santa Biblia, Reina-Valera 1960. Mañón-Rossi Ministries y el Instituto de Capacitación Bíblica de Iglesia Casa de Bendición Inc. existen con un propósito: glorificar a Jesucristo, honrar Su evangelio y promover la sana doctrina, afirmando que la única regla suprema de fe y conducta es la Biblia.

Mi oración es que este libro sea para ti ayuda para discernir, ánimo para perseverar y estímulo para vivir con la mirada puesta en el Cordero que viene.

Otto Mañón

# PRÓLOGO I

## Pr. Javier Paulino

Conocí a Ottoniel —como siempre lo he llamado y como me nace decirle— en un tiempo en que muchos lo veían como un hermano inquieto, lleno de preguntas y búsquedas profundas. Yo, en cambio, vi en él el fuego de un llamado pastoral. Fue esa certeza la que me llevó a viajar desde Santo Domingo para ordenar a Ottoniel y a su esposa, Milquella (Milky) Mañón-Rossi, al ministerio. No fue un acto de emoción pasajera, sino de oración, discernimiento y obediencia al Espíritu Santo.

Hoy, once años después de aquella ordenación, este libro confirma que Dios no se equivoca cuando escoge a sus siervos. Ottoniel ha demostrado con su vida, su carácter y su pasión por la Palabra que la obra que el Señor comenzó en él sigue avanzando con propósito.

El Control Total no es un libro más sobre profecías ni un catálogo de especulaciones. Es un llamado profético y pastoral desde la convicción de que la Escritura, la historia y la realidad actual nos muestran un mismo hilo: el deseo humano de controlar, que prepara el terreno para el sistema final. Pero, sobre todo, es una invitación a volver al Cordero, que sigue venciendo.

Me honra haber sido el primero en creer en este ministerio y haber puesto mis manos sobre Ottoniel y Milky en aquel día inolvidable. Hoy me gozo al ver el fruto, porque lo que comenzó como un paso de fe es ahora un mensaje necesario para la Iglesia en la hora undécima.

Oro para que cada lector reciba este libro no solo como letras impresas, sino como voz pastoral que despierta, exhorta y anima a permanecer fieles a Cristo, aun cuando el mundo ruja con su control total.

**Pr. Javier Paulino**
Ministerio Evangelístico Último Llamado, Inc. | Presidente de Unidos por la Nación (RD) | Coordinador general de la Campaña Nacional de Evangelismo y Discipulado Casa por Casa | Miembro fundador de la Mesa de Diálogo y Representación Cristiana (RD) Santo Domingo, R.D.

# PRÓLOGO II

### Pr. Román Bilchez

Hace unos años conocí a Otto Mañón en un culto donde su esposa Milky vino a ministrar a nuestra congregación en Norcross, Georgia. Más tarde, un día me salió en Facebook una de sus columnas y pensé algo así como: "¿Y él?". Escribía fuerte, directo, sin miedo, pero al mismo tiempo se notaba que amaba a la iglesia y a las almas. Desde entonces empecé a leerlo de vez en cuando: escribía de política, de la Biblia, de noticias, de lo que pasa en el mundo. A veces me hacía reír, a veces me dolía lo que decía, y otras veces hasta me incomodaba un poco… pero siempre me dejaba pensando.

Después Dios me dio la oportunidad de visitarlos en Iglesia Casa de Bendición Inc., en Marietta, GA, donde Otto y Milky pastorean. Justo estaban celebrando el aniversario número 11 de la iglesia. Allí vi otro lado de Otto. No era solo el hombre que escribe fuerte. Era el pastor que abraza, que saluda, que está pendiente de los detalles, que se queda al fondo mirando todo, cuidando la iglesia sin querer llamar la atención.

Otto se llama a sí mismo "siervo inútil en formación". Cuando uno lo ve por primera vez, parece una persona tímida, tranquila, que no busca cámara ni micrófono. Pero cuando uno habla con él, se da cuenta de que tiene buen sentido del humor. No anda posando de importante, pero Dios le ha dado una mente muy despierta, un don para escribir y una forma de ver estos tiempos que no es común. Lo digo con respeto: creo que todavía no se ha usado todo lo que Dios ha puesto en él.

En aquel aniversario, mientras compartía la Palabra y veía el ambiente de la iglesia, sentí algo muy claro de parte del Señor. Fue como una frase en el corazón: "Dile a Otto que piense en una escuela, en un instituto, en algo para formar gente". Sentí que Dios quería usarlo, junto a Milky, para preparar obreros, abrir los ojos de muchos y ayudar a la iglesia a entender los tiempos que estamos viviendo. Tiempo después asistí al EXPO AMCCA 2025, donde Otto recibió el gran galardón como compositor del año. Al principio no entendía bien por qué, hasta que empecé a escuchar sus canciones y a fijarme en lo que decía cada letra. Yo casi no lo conocía, pero cuando comencé a oír y a leer sus prosas y sus canciones, entendí el talento que todavía no se estaba aprovechando del todo en este hermano en la fe. Hoy, al tener este libro en las manos, entiendo mejor por qué el Señor puso eso en mi corazón.

Este libro, "El Control Total", habla, en palabras sencillas, de cómo el ser humano siempre ha querido controlar a los demás y cómo eso se conecta con lo que la Biblia dice que pasará al final de los tiempos. Otto toma la Palabra —sobre todo Daniel y Apocalipsis— y la pone al lado de lo que vivimos hoy: dinero cada vez más digital, más cámaras y vigilancia, redes sociales que nos siguen a todas partes, censura, presiones sobre la iglesia, y un mundo que parece ir cerrando el cerco sobre la libertad. No es un libro de miedo ni de teorías raras; es un llamado a abrir los ojos, confiar en que Dios sigue sentado en su trono y responder con fe, arrepentimiento y obediencia en medio de un sistema que quiere tenerlo todo bajo control.

Este no es un libro para impresionar a teólogos, aunque un teólogo lo puede leer y aprovecharlo. Tampoco es un libro para asustar a la gente con historias del fin del mundo. Se siente, más bien, como lo que escribe un pastor que ora lo que escribe, que sufre lo que ve, pero que también sabe reírse un poco de sí mismo. Otto no escribe desde una oficina fría ni desde un estudio de internet buscando "likes". Es un pastor que ve venir la tormenta y, en lugar de esconderse, decide encender la luz para que el pueblo de Dios vea mejor por dónde caminar.

Aquí no vas a encontrar un lenguaje complicado. Otto escribe para las ovejas. Toma los pasajes de Daniel y Apocalipsis y los pone al lado de las noticias, de la economía, de la tecnología y de lo que se respira en la calle hoy. Una de las ideas fuertes del libro es que el sistema en el que vivimos nos invita, poco a poco, a entregar la conciencia a cambio de comodidad: menos esfuerzo, más entretenimiento, menos verdad, más pantalla. Y Otto nos recuerda que la Biblia ya nos habló de un tiempo así, pero también nos recuerda algo todavía más importante: que, por encima de todo esto, Dios sigue gobernando la historia y llamando a los hombres al arrepentimiento.

Me gusta que Otto no usa Apocalipsis solo para buscar curiosidad, sino para despertar a los santos. No usa Daniel solo para sacar cuentas, sino para animar a la iglesia a mantenerse firme, como aquellos jóvenes que no se arrodillaron delante de la estatua del rey. También me gusta que no se casa con ningún bando humano. Cuando tiene que hablar del Estado, habla. Cuando tiene que corregir a una iglesia que se acomoda al sistema, también lo hace. Cuando tiene que señalar a los que se dicen muy espirituales, pero no quieren pensar, también les tira su parte. Su lealtad es a Jesucristo y a su Palabra.

Algo especial de este libro es que no separa la profecía de la vida diaria. Aquí las "bestias" y los "dragones" de Apocalipsis no se presentan como caricaturas o un cuento, sino como imágenes que nos ayudan a entender gobiernos, sistemas, discursos y modas espirituales de hoy. La profecía no se queda en teoría: baja a la forma en que vivimos, trabajamos, consumimos noticias, usamos el dinero y enfrentamos la presión del mundo.

Creo que este libro le va a hacer bien a cualquier persona, pero especialmente a los creyentes que sienten, en su interior, que algo no cuadra: que hay algo raro en este mundo de pantallas, de controles, de leyes que cambian los valores, de iglesias que se adaptan demasiado al sistema. Si tú sientes que el Espíritu Santo te inquieta cuando ves para dónde van la política, la educación, la economía y hasta ciertas modas dentro de la iglesia; si tienes hambre de entender los tiempos a la luz de la Biblia, este libro te va a ayudar. No para que vivas con miedo, sino para que vivas despierto. No para que te encierres, sino para que sepas cómo caminar, cómo cuidar tu casa y cómo servir mejor al Señor en estos días.

Mi deseo es que, al terminar de leer estas páginas, no te quedes solo hablando del "control total" del sistema, sino que te rindas al control amoroso de Cristo sobre tu vida. Que no te quedes mirando solo lo que hace la bestia, sino lo que ya hizo el Cordero en la cruz. Que no te paralices pensando en lo que viene, sino que uses el tiempo que te queda para vivir en santidad, predicar el evangelio y fortalecer tu familia y tu iglesia.

En lo que a mí me toca, si Dios sigue confirmando lo que puso en mi corazón aquella vez en Marietta, oro para que este libro sea solo el comienzo de algo más grande: un instituto, una escuela, una obra de formación donde Otto y Milky, junto con otros siervos fieles, puedan ayudar a muchos a pensar bíblicamente, a discernir los tiempos y a vivir con esperanza en medio de estos días finales. Que el Señor use este libro para lo que Él quiera: para sacudir, para consolar, para corregir, para despertar, y sobre todo para llevar a muchos a los pies de Jesucristo.

**Pr. Román Bilchez**

Ministerio Cristiano J.U.A.N., Inc.
6125 Oakbrook Parkway, Norcross, GA 30093

# PREFACIO

## Así comienza la hora undécima

*"Y saliendo cerca de la hora undécima, halló a otros que estaban desocupados, y les dijo: ¿Por qué estáis aquí todo el día, desocupados? Le dijeron: Porque nadie nos ha contratado. Él les dijo: Id también vosotros a la viña, y recibiréis lo que fuere justo."*
*(Mateo 20:6–7)*

La hora undécima siempre tuvo un aire solemne, casi dramático. Es la campanada que avisa que el sol está bajando y que el día pronto terminará. Es la última llamada, la oportunidad final para entrar en la viña antes de que llegue el pago. Es el momento en que la gracia de Dios aún abre la puerta, pero ya se escuchan los pasos de la noche acercándose.

No es casualidad que este libro surja providencialmente apenas una semana después de celebrar el 11 aniversario de Iglesia Casa de Bendición Inc., el ministerio que Dios nos confió. El número 11, en la simbología bíblica, habla de transición: una incompletud que empuja hacia la plenitud. En lo espiritual, significa que ya no estamos en la siembra de los primeros ladrillos, sino en la etapa madura donde se corre con urgencia la carrera.

Así como en la parábola todavía había espacio para trabajar, también nosotros entendemos que la misión no ha terminado, y que Dios nos ha llamado a redoblar la marcha en esta hora crítica.

Esa coincidencia no es literaria, es profética. Dios alineó los tiempos para que, justo en medio de esta transición ministerial, surgiera este mensaje. Porque la misma hora undécima que llama a la Iglesia universal a despertar es la que también marca nuestro caminar local: 11 años de gracia que nos recuerdan que el tiempo es corto y la misión es urgente.

Cuando la Biblia habla del tiempo, no lo hace como un reloj de arena frío, sino como la historia de un Dios que gobierna. Todo está en un plan. Desde Adán hasta el último hombre que respire, nada se escapa de su soberanía. Por eso, cuando el Apocalipsis describe bestias, números y sellos, no está relatando ciencia ficción medieval, sino mostrándonos lo que el corazón humano es capaz de producir cuando se divorcia de su Creador.

El mundo no cambió tanto como presume la modernidad. Cambiaron los trajes, las pantallas y los algoritmos, pero la maquinaria de la bestia sigue siendo la misma: fabricar obediencia sin conciencia. Antes eran coliseos; hoy son redes sociales. Antes era un emperador con laureles; hoy es un burócrata con traje gris que regula tu cuenta bancaria. Antes eran altares a Júpiter; hoy son templos de consumo donde se adora la marca y el crédito.

La Biblia lo llama "misterio de iniquidad" (2 Tesalonicenses 2:7). Y es un misterio porque la gente lo repite sin verlo. La humanidad se siente libre mientras carga cadenas nuevas cada mañana. "Haz clic para aceptar términos y condiciones". La bestia nunca obligó con látigo primero; comenzó seduciendo.

Cuando Juan escribió desde Patmos, el imperio romano parecía eterno. "¿Quién como la bestia, y quién podrá luchar contra ella?" (Apocalipsis 13:4). La pregunta de entonces es la misma de hoy. Roma cayó, pero su modelo no murió: centralizar poder, controlar el dinero, uniformar la mente. El imperio solo mudó de piel.

La historia repite porque el hombre repite. La idolatría es la misma: sustituir al Dios eterno por un dios fabricado. A veces lo llamamos César, a veces Estado, a veces ciencia neutral, a veces entretenimiento inocente. El nombre cambia, la sumisión no. Y lo más irónico: mientras más culta la generación, más dócil se vuelve. El hombre que se jacta de autonomía termina obedeciendo al próximo algoritmo.
Las masas nunca se entregan a la bestia por convicción doctrinal, sino por comodidad emocional. La mente cautiva no se forma en cárceles, sino en placeres. El hombre contemporáneo no dice "abjuro de Cristo", sino "prefiero Netflix". No confiesa "adoro al dragón", sino "tengo que trabajar para pagar deudas". Y así, sin darse cuenta, vende su libertad por un préstamo a plazos.

La sociología lo confirma: un pueblo hambriento de pan se hace esclavo por miedo al hambre; un pueblo saciado de pan se hace esclavo por miedo a perder la comodidad. En ambos casos, la bestia gana. El resultado psicológico es el mismo: apatía frente al mal, hostilidad frente a quien denuncia.

Pero la Biblia no nos deja en el pesimismo. El mismo Apocalipsis que describe dragones también describe al Cordero de pie. Y esa es la gran diferencia: la bestia seduce con terror y consumo; el Cordero vence con sangre y servicio. La bestia marca la frente y la mano; el Cordero escribe su nombre en la frente de sus escogidos. La bestia impone; Cristo llama. La bestia compra; Cristo redime.

Ese contraste es el que hace del Evangelio la única vacuna contra la sumisión espiritual. Solo un hombre regenerado por el Espíritu Santo puede decir "no" cuando todos dicen "sí". Solo una iglesia que espera al Esposo puede resistir al tirano disfrazado de benefactor.

Este prefacio no es un adorno literario. Es una advertencia, pero también una invitación. Advertencia de que estamos más cerca de esa hora undécima que nunca. Invitación a mirar al Cordero, no al dragón. A levantar la cabeza, no a agachar la frente. A vivir como peregrinos, no como clientes.

Si llegaste hasta aquí, prepárate. No leerás un libro más de religión. Leerás la radiografía de un sistema que siempre existió, pero que ahora se viste con la ropa de tu generación. Y descubrirás que solo hay dos sellos posibles: el que pone la bestia para comerciar o el que pone Cristo para salvar.

El primero dura lo que dure la moda. El segundo, por toda la eternidad.

## MARCO CONCEPTUAL

### ANTES DE ENTRAR EN MATERIA:
# POR QUÉ ES PELIGROSO EL CONTROL TOTAL
### —Y POR QUÉ ESTE LIBRO IMPORTA—

El deseo de control absoluto —sea de un Estado, un partido, una corporación o un caudillo carismático— no es solo un problema político. Es una herejía práctica. Porque niega lo que la Biblia dice de ti y de mí:

"Entonces dijo Dios: Hagamos al hombre a nuestra imagen, conforme a nuestra semejanza; y señoree en los peces del mar, en las aves de los cielos, en las bestias, en toda la tierra, y en todo animal que se arrastra sobre la tierra. Y creó Dios al hombre a su imagen, a imagen de Dios lo creó; varón y hembra los creó." (Génesis 1:26–27).

El control total también suprime la libertad de conciencia que Dios presupone cuando nos llama a obedecerle en libertad:

"A los cielos y a la tierra llamo por testigos hoy contra vosotros, que os he puesto delante la vida y la muerte, la bendición y la maldición; escoge, pues, la vida, para que vivas tú y tu descendencia." (Deuteronomio 30:19).

Josué lo gritó al pueblo en el desierto:

"Y si mal os parece servir a Jehová, escogeos hoy a quién sirváis; si a los dioses a quienes sirvieron vuestros padres cuando estuvieron al otro lado del río, o a los dioses de los amorreos en cuya tierra habitáis; pero yo y mi casa serviremos a Jehová." (Josué 24:15).

Cuando un poder humano reclama lo que solo pertenece a Dios, desplaza la adoración verdadera. Jesús lo dijo sin ambigüedades:

"Dad, pues, a César lo que es de César, y a Dios lo que es de Dios." (Mateo 22:21).

Y los apóstoles, enfrentados a la tiranía religiosa, no dudaron en marcar la línea roja:

"Respondiendo Pedro y los apóstoles, dijeron: Es necesario obedecer a Dios antes que a los hombres." (Hechos 5:29).

Por eso este libro no es un ejercicio de curiosidad apocalíptica. Es una teología del poder aplicada: leer la historia (y el presente) a la luz de la Escritura para discernir el espíritu que empuja a los imperios a controlarlo todo, y preparar a la Iglesia para perseverar con lucidez, esperanza y valentía.

## I. FUNDAMENTO BÍBLICO:
DIOS LIMITA EL PODER HUMANO PARA PROTEGER A LAS PERSONAS

La Biblia no se anda con rodeos: cada vez que el poder pretende volverse absoluto, Dios le corta las alas.

- Babel (Génesis 11). No era solo una torre. Era un proyecto de uniformidad: un solo idioma, un solo nombre, un solo centro. ¿El objetivo? Evitar depender de Dios. La respuesta divina fue dispersar y confundir lenguas. No fue un castigo caprichoso, fue gracia preventiva. Cuando Dios reparte culturas y naciones, limita el poder centralizado que aplasta conciencias.
- La advertencia contra la monarquía (1 Samuel 8). El pueblo pidió: "Un rey como las [otras] naciones." Dios lo permitió, pero con una advertencia:

"Este será el derecho del rey que reinará sobre vosotros: tomará vuestros hijos, los destinará a sus carros y a su gente de a caballo··· tomará lo mejor de vuestras tierras, viñas y olivares··· tomará vuestros siervos, vuestras mejores doncellas, vuestros asnos, y con ellos hará sus obras··· y vosotros seréis sus siervos." (1 Samuel 8:11–17).

El verbo es siempre el mismo: "tomará". Empieza en nombre de la seguridad, termina en exacción.

- El anti-programa para reyes (Deuteronomio 17:14–20). Dios puso tres límites al poder: que el rey no multiplique caballos (militarismo), ni mujeres (alianzas y cultos paganos), ni plata y oro (corrupción). Y añadió un mandato: que el rey escriba una copia de la Ley y la lea todos los días. La Palabra de Dios por encima del trono.
- Egipto como advertencia (Génesis 41–47). José salvó al pueblo en medio del hambre, pero el sistema de racionamiento terminó concentrando toda la tierra y la economía "para Faraón":

"Y compró José toda la tierra de Egipto para Faraón, pues los egipcios vendieron cada uno sus tierras, porque se agravó el hambre sobre ellos; y la tierra vino a ser de Faraón." (Génesis 47:20).

Una sociedad entera se volvió dependiente del Estado. Salvar del hambre no justifica esclavizar para siempre.

- Daniel y Apocalipsis (Daniel 7; Apocalipsis 13). Los imperios aparecen como bestias: devoran, estandarizan, demandan culto. El clímax lo describe Juan:

"…y hacía que a todos, pequeños y grandes, ricos y pobres, libres y esclavos, se les pusiese una marca en la mano derecha, o en la frente; y que ninguno pudiese comprar ni vender, sino el que tuviese la marca o el nombre de la bestia, o el número de su nombre." (Apocalipsis 13:16–17). No es un chip lo que preocupa, es el patrón: control de conciencia mediante control de subsistencia.

- Los límites apostólicos (Romanos 13; Hechos 5:29). Pablo reconoce la autoridad civil como instrumento de orden, pero jamás como absoluta. Pedro lo resumió con su famosa frase: "Es necesario obedecer a Dios antes que a los hombres." (Hechos 5:29).

## II. TEOLOGÍA DEL PODER:
### ESTATOLATRÍA, IDOLATRÍA Y EL ESPÍRITU DEL ANTICRISTO

La idolatría no es solo arrodillarse ante una estatua. Es algo más sutil: conceder a una criatura atributos que solo pertenecen al Creador.
Cuando el Estado —o un líder carismático, o un partido político— pretende ser fuente de identidad, proveedor último, juez moral y dador de sentido, ha cruzado un umbral peligroso. A eso los teólogos le llaman estadolatría (la adoración del Estado como si fuera dios).

Pablo lo advirtió:

"Porque ya está en acción el misterio de la iniquidad; solo que hay quien al presente lo detiene, hasta que él a su vez sea quitado de en medio." (2 Tesalonicenses 2:7).

Ese "misterio de iniquidad" es la tendencia persistente del poder a sentarse en el lugar de Dios. Y dos versículos antes lo explica más:

"...el cual se opone y se levanta contra todo lo que se llama Dios o es objeto de culto; tanto que se sienta en el templo de Dios como Dios, haciéndose pasar por Dios." (2 Tesalonicenses 2:4).

El Anticristo final será la cristalización personal de esa pretensión. Pero antes de él ya hubo y hay "muchos anticristos", como dice Juan:

"Hijitos, ya es el último tiempo; y según vosotros oísteis que el anticristo viene, así ahora han surgido muchos anticristos; por esto conocemos que es el último tiempo." (1 Juan 2:18).

El guion se repite: sistemas y líderes que prometen paz a cambio de conciencia, y seguridad a cambio del alma.

La tradición cristiana nos da dos correctivos:

    1.    Las dos ciudades (Agustín). San Agustín explicó que hay dos formas de organizar la vida: la ciudad terrena, definida por el amor desordenado de uno mismo hasta el desprecio de Dios; y la ciudad celestial, definida por el amor de Dios hasta el desprecio legítimo de sí mismo. Dicho sencillo: puedes vivir en este mundo, obedecer leyes y trabajar, pero sin hacer de este mundo tu dios. Todo poder humano es relativo cuando se compara con el señorío absoluto de Cristo.

    2.    La soberanía de esferas (Reforma). La Reforma enseñó que Dios repartió la autoridad en distintas áreas: familia, Iglesia, Estado, trabajo, comunidad. Cada esfera tiene su rol. Cuando una invade a las otras, nace el totalitarismo. Por ejemplo: si el Estado decide qué predicar en la iglesia, o cómo criar a los hijos en casa, está usurpando. La Biblia no aprueba gobiernos omni-competentes; aprueba autoridades que sirven en su rol con humildad. Jesús lo dijo claro:

"Mas entre vosotros no será así, sino que el que quiera hacerse grande entre vosotros será vuestro servidor; y el que de vosotros quiera ser el primero, será siervo de todos." (Marcos 10:43–44).

## III. POLÍTICA Y DERECHO:
POR QUÉ LA CONCENTRACIÓN DAÑA INCLUSO CUANDO "FUNCIONA"

James Madison, uno de los padres fundadores de Estados Unidos, lo resumió en El Federalista:

"Si los hombres fueran ángeles, no haría falta gobierno; y si los gobernantes fueran ángeles, no harían falta límites al gobierno."

La Biblia lo dijo antes: cuando Israel pidió un rey, Samuel advirtió:

"Tomará vuestros hijos··· tomará vuestras hijas··· tomará lo mejor de vuestras tierras··· y vosotros seréis sus siervos." (1 Samuel 8:11–17).

Ese "tomará, tomará, tomará" describe cómo actúa todo poder sin freno. Promete seguridad, termina extrayendo libertad.

La historia lo confirma:
- Las excepciones temporales tienden a perpetuarse: lo que empieza como emergencia se queda como norma.
- La urgencia es la coartada preferida del control: guerras, crisis, pandemias.
- La centralización produce fragilidad: un error arriba colapsa a todos abajo.

Un poder concentrado puede darte pan hoy, pero te cobra el alma mañana.

## IV. PSICOLOGÍA DEL CONTROL:
POR QUÉ CEDEMOS EL ALMA POR PROMESAS DE SEGURIDAD

El poder totalitario no se sostiene solo con armas. Se sostiene porque la gente se entrega.

- Obediencia a la autoridad (Milgram). Personas comunes aplicaron descargas "mortales" solo porque alguien con bata blanca lo ordenaba. Sin conciencia formada en la Palabra, el bautizado no resiste. "Es necesario obedecer a Dios antes que a los hombres." (Hechos 5:29).
- Conformidad de grupo (Asch). Preferimos errar con la multitud que pensar solos. Pero Dios dijo: "No seguirás a los muchos para hacer mal." (Éxodo 23:2).
- Rol y despersonalización (Zimbardo). Jóvenes comunes se volvieron opresores cuando se les dio uniforme y poder. Pablo lo advirtió: "Porque no tenemos lucha contra sangre y carne, sino contra principados, contra potestades, contra los gobernadores de las tinieblas de este siglo, contra huestes espirituales de maldad en las regiones celestes." (Efesios 6:12).
- Indefensión aprendida (Seligman). Tras fracasos repetidos, la gente deja de intentar. Jeremías lo dijo:
"Cada cual se volvió a su propia carrera, como caballo que arremete con ímpetu en la batalla." (Jeremías 8:6).
- Gestión del miedo. Cuando amenaza el peligro, buscamos líderes "fuertes". Pero Pablo dijo lo contrario:
"Porque no nos ha dado Dios espíritu de cobardía, sino de poder, de amor y de dominio propio." (2 Timoteo 1:7).

El control total produce dos resultados: culpa delegada ("solo obedecía") y responsabilidad difusa ("nadie es culpable"). Exacto lo que cualquier proyecto anticristiano necesita.

## V. SOCIOLOGÍA DE LA VIGILANCIA:

## DEL PANÓPTICO AL "NO PODRÁS COMPRAR NI VENDER"

Los Césares soñaban con controlar cada movimiento. Hoy basta un sistema digital.

1. Panopticidad. Jeremy Bentham ideó el "panóptico": una cárcel donde un solo guardia vigila a todos sin ser visto. El preso nunca sabe si lo observan, así que se controla solo. Ese es el principio de las cámaras, redes y celulares: te comportas "como si" siempre estuvieran mirando.

2. Economía de datos. Cada clic, compra o movimiento deja rastro. Ese rastro predice y moldea hábitos. Quien controla los datos, controla la conducta.

3. Palanca financiera. Con el dinero digital, obediencia e ideología se vuelven condición de acceso. Juan lo describió hace siglos: "…que ninguno pudiese comprar ni vender, sino el que tuviese la marca o el nombre de la bestia, o el número de su nombre." (Apocalipsis 13:17). La Biblia no demoniza la técnica, pero denuncia cuando la técnica se absolutiza y se convierte en instrumento de la bestia.

## VI. ¿POR QUÉ ESTE LIBRO ES RELEVANTE Y URGENTE?

Porque lo que hoy vemos no es novedad: es repetición del mismo patrón bíblico e histórico.

- Babel. "Y los esparció Jehová desde allí sobre la faz de toda la tierra." (Génesis 11:8). Dios dispersa lo que los hombres centralizan.
- Egipto. "Y la tierra vino a ser de Faraón." (Génesis 47:20). Una crisis bastó para que un pueblo entregara su libertad.
- Imperios bestias. Daniel 7:2–3 describe cuatro bestias que representan imperios que devoran y uniforman.
- Antíoco. Profanó el templo: un anticristo antes del Anticristo.

- El clímax. "Y entonces se manifestará aquel inicuo, a quien el Señor matará con el espíritu de su boca." (2 Tesalonicenses 2:8).

El patrón siempre es el mismo: promesas de paz y prosperidad a cambio de libertad y conciencia. El nombre cambia: torre, rey, banco, algoritmo. El espíritu es el mismo.

## VII. CRITERIOS CRISTIANOS PARA TIEMPOS DE PRESIÓN

1. Cristo sobre todo poder. Colosenses 1:15–17 afirma que todo se creó para Él. Ningún poder merece obediencia absoluta.
2. Conciencia informada. Romanos 14:5: "Cada uno esté plenamente convencido en su propia mente."
3. Pluralidad. Éxodo 18:21–22: líderes distribuidos para evitar tiranía.
4. Sencillez y mutualidad. 1 Timoteo 6:6–8 y Hechos 2:44–45. Contentamiento y apoyo mutuo.
5. No cooperación con el mal. Daniel 3:17–18: "No serviremos a tus dioses."
6. Esperanza escatológica. 2 Tesalonicenses 2:8 y Apocalipsis 11:15: Cristo reinará por los siglos.

## VIII. CONCLUSIÓN:
EL ANTÍDOTO CRISTIANO AL CONTROL TOTAL

El proyecto anticristiano siempre será el mismo: paz sin arrepentimiento, prosperidad sin justicia, unidad sin verdad, seguridad sin libertad··· y todo a cambio del alma.

El proyecto de Cristo es el contrario:

"Venid a mí todos los que estáis trabajados y cargados, y yo os haré descansar. Llevad mi yugo sobre vosotros, y aprended de mí, que soy manso y humilde de corazón; y hallaréis descanso para vuestras almas. Porque mi yugo es fácil, y ligera mi carga." (Mateo 11:28–30).

Cristo no nos controla con cadenas; nos libera con gracia.

Por eso este libro existe: no para asustar, sino para despertar. No para polarizar, sino para discernir. No para conspirar, sino para santificarnos en la verdad:

"Santifícalos en tu verdad; tu palabra es verdad." (Juan 17:17).

Vendrán pactos, marcas y decretos. Pero también vendrá Aquel que pondrá punto final a toda pretensión idolátrica:

"Y entonces se manifestará aquel inicuo, a quien el Señor matará con el espíritu de su boca, y destruirá con el resplandor de su venida." (2 Tesalonicenses 2:8).

Hasta ese día: vigilad y orad; trabajad y resistid; amad y hablad verdad. "Estad, pues, firmes en la libertad con que Cristo nos hizo libres, y no estéis otra vez sujetos al yugo de esclavitud." (Gálatas 5:1).

Ahora bien, pongamos esto en un escenario práctico: ¿Qué pasaría si mañana amaneciéramos con la noticia de que la marca es obligatoria para comprar o vender? No sería ciencia ficción. Sería la confirmación de que entramos en el tramo final del plan profético anunciado hace siglos.

El consejo para la Iglesia sería el mismo que desde el principio: no vender el alma por pan, no cambiar la eternidad por supervivencia momentánea, no entregar la conciencia por comodidad. El Señor ya nos advirtió: "No sólo de pan vivirá el hombre, sino de toda palabra que sale de la boca de Dios." (Mateo 4:4). Y nos aseguró que "el que perseverare hasta el fin, éste será salvo." (Mateo 24:13).

Llegado ese día, no habrá espacio para medias tintas. Será la hora de demostrar de quién somos, si del mundo o de Cristo. Y aunque la presión sea brutal, la promesa es aún más grande: "Mis ovejas oyen mi voz, y yo las conozco, y me siguen; y yo les doy vida eterna; y no perecerán jamás, ni nadie las arrebatará de mi mano." (Juan 10:27–28).

Hoy tienes dos caminos: súbdito de imperios que cambian de rostro, pero devoran siempre a los suyos, o ciudadano del Reino eterno que jamás será conmovido.

"Porque de tal manera amó Dios al mundo, que ha dado a su Hijo unigénito, para que todo aquel que en él cree, no se pierda, mas tenga vida eterna." (Juan 3:16).

Ven a Cristo hoy. Entrégale tu vida ahora mismo, y encontrarás la única libertad que ningún Anticristo ni imperio podrá jamás arrebatarte.

# CAPÍTULO 1

# EL DINERO DE LA BESTIA

El dinero siempre ha querido ser sacramento sin llamarse dios. Promete pan, identidad y pertenencia a cambio de algo más valioso que monedas: la lealtad. La Escritura lo desnuda sin rodeos: no podéis servir a Dios y a las riquezas. No condena el trigo ni la balanza; condena el trono desde el que el oro quiere gobernar conciencias. Por eso, cuando el Apocalipsis describe que ninguno podrá comprar ni vender sin la marca, no inaugura supersticiones: revela que, tarde o temprano, la economía se convierte en catequesis y el mercado en catedral, si el corazón humano no se arrodilla primero ante el Cordero.

La Biblia entera cuenta esa historia. Deuteronomio advierte que, cuando comas y te sacies y se multiplique lo que tienes, no digas: "mi poder y la fuerza de mi mano me han traído esta riqueza". Los profetas denuncian a los que disminuyen la medida, usan balanzas engañosas y compran al pobre por un par de zapatos. Jesús voltea mesas donde se vendía perdón al detalle. Hechos muestra a artesanos que arman motines cuando el evangelio amenaza negocios idolátricos. Apocalipsis 18 retrata a Babilonia comerciando cuerpos y almas de hombres, con mercaderes que lloran por márgenes caídos, no por la verdad perdida. La economía no es neutra cuando se vuelve altar.

Esa tentación se refina con cada siglo. Ayer fueron gremios e incienso a César para sostener acceso al mercado; hoy son plataformas, sellos de cumplimiento y permisos reputacionales para sostener acceso al circuito. La herramienta puede cambiar —papel, plástico, chip o token—, pero el examen espiritual es el mismo: ¿quién te da permiso para existir? Si el derecho a comer depende de recitar la teología de moda, la compra y venta dejó de ser intercambio y se convirtió en liturgia.

El creyente no responde con histeria, sino con sabiduría antigua. La Biblia celebra el trabajo ("el que hurtaba, no hurte más, sino trabaje"), exige pesos justos, ordena generosidad ("cada uno dé… no con tristeza ni por necesidad"), enseña contentamiento y manda a proveer para los suyos. Ese tejido moral convierte al dinero en siervo. Cuando el dinero sube al altar, enferma todo: la familia se mide por ingresos, la iglesia por presupuesto, la dignidad por precio, la verdad por costo político. Entonces el santo vuelve a lo básico: quién reina, a quién obedezco, cómo administro.

La batalla no es abstracta; es cotidiana. Empieza en la frente (atención, ideas, temores) y continúa en la mano (lo que hago para vivir). Si la frente aprende del mundo que el pan vale más que la verdad, la mano firmará cualquier cosa por conservar acceso. Si la frente confiesa que no solo de pan vivirá el hombre, sino de toda palabra que sale de la boca de Dios, la mano dirá sí al bien y no a lo que ultraja a Cristo, aun si cuesta. No se demonizan tecnologías de pago ni se idealiza el trueque: se disciernen liturgias. Un sistema puede ser útil y, a la vez, peligroso si se ata a confesiones contrarias a Dios. El problema no es transferir desde un móvil o llevar una tarjeta; el problema aparece cuando el acceso se condiciona a un amén que contradice al Señor. Allí se cruza de la economía a la idolatría. Daniel lo entendió: cooperó en todo lo que no tocaba el altar y resistió cuando el decreto tocó la oración. Esa es la línea roja de cualquier mayordomo fiel.

La fidelidad en una era de permisos se ve en hábitos. Vivir por debajo de los ingresos. Ahorrar con propósito, no por ansiedad. Ser generoso sin publicarlo. Evitar deudas que esclavizan la conciencia. Diversificar canales legítimos para cobrar u ofrendar. Tener plan alterno si un proveedor "desconecta". Conservar registros locales: no todo vive en la nube. Aprender oficios que resistan apagones. En la iglesia: transparencia periódica, reserva operativa prudente, criterios de proveedores que no compren doctrina por descuento, capacitación de mayordomía para niños y abuelos. No es paranoia; es obediencia práctica al Dios que manda a prever sin temer.

Y cuando llegue la prueba, conviene recordar el orden de los amores. El hambre aspira a gobernar la conciencia; la mesa del Señor la libera. Si se pierde una cuenta o un permiso por obedecer a Cristo, que no se caiga el mundo: hay Hermano mayor que repara, familia que comparte, promesa que sostiene. El pan que importa primero es el que desciende del cielo; el pan de la tierra se ordena después. Hace dos mil años un joven rico se fue triste porque su dios era líquido; muchos santos han sido gozosos con poco porque su Dios es Rey.

Con la brújula del señorío de Cristo, la santidad del trabajo, la prudencia en la administración y la valentía sobria frente a catequesis económicas, el dinero deja de jugar a dios y la economía vuelve a ser ministerio. Donde el oro baja del altar y el Cordero ocupa el trono, la frente se marca con verdad y la mano trabaja en libertad.

El Apocalipsis describe un tiempo en que la economía dejará de ser un mercado neutral y se volverá un catecismo obligatorio. "Hace que a todos… se les pusiese una marca en la mano derecha o en la frente, y que ninguno pudiese comprar ni vender, sino el que tuviese la marca" (Ap 13:16–17). La bestia no se conforma con tu bolsillo; quiere tu frente (tu mente) y tu mano (tus actos). Por eso el texto no habla solo de precios, sino de adoración: no es control de comercio, es culto desviado. El dinero se convierte en sacramento; el sistema, en templo; y la transacción, en liturgia.

Los primeros lectores entendieron la conexión. En Roma, cada moneda llevaba la propaganda del César, y quemar incienso al emperador era "simple civismo". Negarse no era una rareza estética; era herejía civil. La fe cristiana no chocó con Roma por preferir un Dios privado, sino porque se negó a que la plaza pública definiera quién era Dios. Cuando los hermanos rechazaron el incienso, perdieron contratos, reputación, derechos; pero ganaron una conciencia que no estaba en venta. La moneda de Roma traía el rostro del César; el cristiano llevaba otro nombre escrito en la frente: el del Cordero.

Ese patrón —dinero como herramienta de adoración— no murió con Roma. Cambiaron los sellos, no la tentación. Egipto administró pan para comprar obediencias; Babilonia usó lujos para formar lealtades; los mercaderes de Éfeso armaron disturbios cuando el Evangelio les tocó el negocio de la idolatría (Hch 19:23–27). Siempre que el hombre se endiosa, convierte el dinero en altar. Y siempre que el altar se vuelve caja registradora, la conciencia termina hipotecada.
La modernidad solo sofisticó el guion. El siglo XX aprendió a imprimir billetes para tapar culpas, a diseñar créditos para calmar ansiedades y a vender identidades en cuotas. Aprendimos a medir lo valioso por lo que se monetiza: si se vende, sirve; si no se vende, estorba. Hoy millones no se saben hijos de Dios, pero saben su puntaje de crédito. No recuerdan el Salmo que calma la noche, pero sí la app que les presta a tasa "promocional". El hombre del siglo se define con cifras: no es oveja del Pastor ni prójimo de nadie; es consumidor, deudor o contribuyente.

¿Por qué el dinero atrae tanto? Porque promete tres ídolos en combo: seguridad, prestigio y poder. Seguridad: "con esto, no temerás el mañana".

Prestigio: "con esto, te mirarán distinto". Poder: "con esto, nadie te dice qué hacer". Mamón es un dios eficiente: no te pide rezos; te da tarjetas. No te exige fidelidad; te da recompensas. No te manda al infierno; te manda a comprar. Y cuando te cansas, te ofrece entretenimiento para que no pienses. "Nadie puede servir a dos señores; ··· no podéis servir a Dios y a las riquezas" (Mt 6:24). No es una metáfora romántica; es una radiografía brutal del corazón.

En los días que vivimos, la tecnología está convirtiendo esa sed antigua en estructura. Identidades digitales que abren o cierran puertas; pasarelas de pago que "cuidan tu seguridad" decidiendo a quién puedes donar; bancos que "minimizan riesgos" cerrando cuentas incómodas; plataformas que "moderan responsablemente" y con eso decrecen la voz de quien no encaja. Nada de eso necesita un látigo. Bastan las políticas de uso y la ansiedad de pertenecer. El nuevo incienso se quema aceptando términos y condiciones.

¿Exageramos? Mira el detalle del Apocalipsis: "mano" y "frente". Dios había mandado a su pueblo a atar su Palabra "como frontales entre tus ojos" (Dt 6:8). La bestia copia el gesto: quiere catequizarte la mente y coreografiarte las manos. Si controla lo que crees y lo que haces, controlar el mercado es pan comido. Por eso el texto de Juan habla a iglesias concretas con miedos concretos: "Sé fiel hasta la muerte, y yo te daré la corona de la vida" (Ap 2:10). No te promete que el mercado te aplaudirá; te promete que Cristo te sostendrá.

"El dinero de la bestia" no es un tema para conspiradores aburridos. Es pastoral puro. Toca la nevera, la agenda y la conciencia. Porque el sistema sabe que el alma hambrienta firma papeles sin leer, que el corazón endeudado acepta silencios, que la mente cansada compra consuelos en pantallas largas. Si el enemigo no logra que adores al dragón con incienso, te distraerá con cuotas. Y mientras pagas, se te olvida adorar.

¿Cómo luce, entonces, el "dinero de la bestia" en el día común?

Luce como un trabajo que te premia si callas verdades y te castiga si hablas con mansedumbre, pero con claridad. Luce como una plataforma que te "desmonetiza" cuando tu convicción no coincide con su catecismo, y te "potencia" si te indignas en la dirección correcta. Luce como un crédito que te regala hoy lo que te cobrará mañana con tu paz y tu matrimonio. Luce como una ciudad que convierte todo en suscripción: música, amistad, noticias, salud, opinión; y si cancelas, te conviertes en nadie. Luce como un niño que aprende a decir marcas antes que Salmos, y una iglesia que confunde abundancia con bendición.

No se trata de vivir en cuevas ni de negar la gracia común. La Escritura celebra el trabajo digno, la generosidad sabrosa y la diligencia que planifica. Se trata de recuperar el señorío de Cristo sobre el dinero: que el dinero sea herramienta del Reino, no señor de la casa. Se trata de enseñar a los nuestros a ganar, ahorrar, dar y disfrutar en santidad; de que los números se subordinen a las prioridades del cielo. "Tened costumbres sin avaricia, contentos con lo que tenéis ahora; porque él dijo: No te desampararé, ni te dejaré" (Heb 13:5). Ese "no te dejaré" vale más que cualquier garantía bancaria.

La bestia promete seguridad y da ansiedad. El Cordero promete aflicción y da paz. La bestia te ofrece pertenencia si repites; el Cordero te hace familia, aunque te quedes solo. La bestia te compra el domingo; el Cordero te lo devuelve como descanso santo. La bestia te vende identidad en cuotas; el Cordero te la regala con sangre. Por eso el discipulado incluye una conversión financiera: no solo cambia lo que crees, cambia cómo compras, cómo vendes y cómo das. Quien ha nacido de nuevo aprende a mirar su billetera como mira su Biblia: buscando voluntad de Dios.

Tal vez digas: "Eso suena hermoso, pero yo vivo en el mundo real". Precisamente. El mundo real no se arregla con tuits; se transforma cuando Cristo gobierna la mesa. Mira a Zaqueo: no se apuntó a un curso de finanzas; se encontró con Jesús y la billetera se le convirtió en altar genuino: "La mitad de mis bienes doy a los pobres; y si en algo he defraudado a alguno, se lo devuelvo cuadruplicado" (Lc 19:8). Ese día la ciudad lo llamó loco; el cielo lo llamó libre.

"Pero ¿y si aprietan?" Apretarán. Ya aprietan en lugares donde confesar a Cristo te quita el trabajo, la cuenta o el contrato. Ya aprietan donde las plataformas "corrigen" tu teología con penalizaciones de alcance. Ya aprietan donde la ayuda pública tiene letra chica moral. Por eso la iglesia debe prepararse con realismo y esperanza: formando microeconomías de apoyo, entrenando oficios, planificando generosidades discretas, enseñando a vivir por debajo de la capacidad de gasto, recuperando el domingo, adiestrando la conciencia para decir "no" con respeto y "sí" con valentía.

Hay una aritmética del Reino que parece absurda al sistema: "Hay quienes reparten, y les es añadido más; y hay quienes retienen más de lo que es justo, pero vienen a pobreza" (Pr 11:24). El sistema no la entiende porque no conoce al Dador. La iglesia la practica y ve milagros discretos: cuentas que alcanzan, puertas que se abren, hermanos que aparecen, deudas que se ordenan, contentamiento que no se puede explicar con hojas de cálculo.

No romantizamos la pobreza ni demonizamos la riqueza. Llamamos ídolo a lo que se sienta en el trono de Dios, sea poco o mucho. Un pobre puede adorar al dinero soñando con él; un rico puede adorar al dinero abrazándoselo. El evangelio libera a ambos: enseña al pobre a confiar y al rico a compartir. Y a todos nos enseña a trabajar con manos limpias, a pagar con alegría, a ofrendar sin trompeta y a planificar con humildad, sabiendo que "si el Señor quiere, viviremos y haremos esto o aquello" (Stg 4:15).

El "dinero de la bestia" no vence con barricadas, sino con obediencias pequeñas que hacen ruido en el cielo: un diezmo dado sin foto, una deuda honrada, un contrato rechazado por limpio, una empresa que no miente en su publicidad, una familia que se sienta a presupuestar orando, una iglesia que socorre sin espectáculo. El imperio no sabe qué hacer con eso. Necesita multitudes excitadas o sometidas; el Reino levanta santos sobrios. Y la historia —que es la agenda de Dios— termina con comerciantes llorando por una Babilonia que cayó (Ap 18), y con un pueblo que compra vino y leche "sin dinero y sin precio" (Is 55:1) porque el Cordero los alimenta.

Cuando llegue la hora de elegir entre la marca que compra todo y el nombre que no está en venta, la decisión no se improvisa. Se cocina en años de mesa con Biblia, de ofrenda secreta, de cuentas claras, de trabajos limpios, de "no" dichos a tiempo y de "sí" dichos delante de Dios. Ese día no ganarás argumentos; ganarás la carrera de haber aprendido a vivir como peregrino. Y aunque te cierren mil puertas, se abrirá la única que importa: "Bien, buen siervo y fiel".

El dinero de la bestia caduca; el Cordero permanece para siempre. Si lo crees de veras, tu manera de ganar, de gastar y de dar se parecerá a la economía de los cielos: diligente, contenta, generosa y libre. Y esa libertad, a ojos del mundo, será la mayor extravagancia. A ojos del cielo, será tu adoración más sensata.

### ATERRIZAJE ESCATOLÓGICO

La Escritura no nos da una fobia al chip, nos da un patrón: el pan como permiso y la compra/venta como examen de lealtad. Cuando Juan oye "que ninguno pudiese comprar ni vender, sino el que tuviese la marca", no describe solo tecnología; está mostrando una teología del poder que usa la economía como liturgia. Primero se catequiza la conciencia (nuevo bien y mal), luego se administra el acceso (tu pan según tu confesión pública). Ese es el hilo que corre de Egipto a Roma, de los totalitarismos a las plataformas modernas: no hay neutralidad cuando el pan pide incienso.

Si el dinero se convierte en amo, la frente (criterios) y la mano (hábitos) ya están listas para cualquier marca. Si, en cambio, Cristo gobierna sobre nuestros pesos y deudas, el corazón queda libre para decir no cuando el pan venga con cláusulas de adoración. Contentamiento, generosidad, pesos justos y reservas sanas no son trucos de finanzas personales: son antídotos contra la pretensión de la bestia.

El lector debe vigilar estos barómetros: pagos programables por conducta, reputación digital que afecta pan y trabajo, "afirmaciones obligatorias" como peaje para operar, y sanciones económicas por conciencia. No te asustes: ordénate. Vive por debajo de tus ingresos, diversifica canales lícitos de cobro y ofrenda, fortalece la mutualidad de tu iglesia y fija la línea roja: cuando el sistema pida negar lo que Cristo afirma, obedecemos a Dios antes que a los hombres. Ese "no" cortés y firme ha salvado santos en todas las generaciones.

# CAPÍTULO 2

# EL HOMBRE DESFIGURADO

La Escritura estampa una dignidad irreductible: fuimos creados a imagen y semejanza de Dios para representar su carácter y cuidar su mundo. Esa imagen no se borró; se quebró. Como espejo rajado, todavía refleja, pero distorsiona. La catástrofe no comenzó con guerras ni hambrunas, sino con un intercambio silencioso: preferimos ser nuestro propio dios antes que amar al Dios vivo. Desde entonces, la humanidad carga tres ecos fundacionales: vergüenza que oculta, miedo que evade y culpa que traslada. La desfiguración nace ahí y se proyecta a todo: cuerpo, palabras, vínculos, trabajo, autoridad, fiesta, duelo.

**ANATOMÍA DE LA IMAGEN:**
CUATRO LÍNEAS QUE HACEN HUMANO AL HUMANO

- **Relacionalidad**. No fuimos moldeados para el monólogo, sino para la alianza: con Dios —andar con Él— y con el prójimo —amar, servir, corregir, perdonar—.
- **Vocación**. "Cultivar y guardar" no es slogan agrícola: es una misión universal. El mundo es jardín y taller; la persona, mayordomo y artesano.

- **Representación**. Llevamos embajadas del carácter de Dios: verdad, justicia, misericordia, belleza. La vida entera es liturgia: o se da gloria al Creador o se la roba un ídolo.
- **Templo**. El cuerpo no es chatarra sentimental: es morada ordenada a la gloria de Dios; por eso la ética cristiana es tan material: manos, ojos, lengua, cama, mesa.

Cuando esas líneas se tuercen, la imagen no desaparece; se caricaturiza.

## CÓMO SE VE UN ROSTRO TORCIDO
*(sin excusas ni diagnósticos de catálogo)*

- **Identidades prestadas**. Al perder el Nombre que nos funda, buscamos apodos que nos sostengan: profesión, militancia, sexualidad, tribu. Ninguno resiste el peso de ser dios; todos terminan cobrándonos diezmos de ansiedad.
- **Lengua dislocada**. La mentira se vuelve herramienta, la ironía corrosiva se confunde con inteligencia, la adulación con cariño. La palabra —creada para bendecir y atar pactos— se usa para negociar ventajas. Cuando la lengua no rinde cuentas, el corazón queda sin freno.
- **Afecto sin orden**. No sabemos desear: amamos lo que deberíamos usar y usamos lo que deberíamos amar. Defendemos caprichos con el ardor de los mártires y traicionamos promesas con la frialdad de un contador.
- **Cuerpo mercantilizado**. O lo idolatramos —todo gira alrededor de apetitos y apariencias— o lo despreciamos —lo forzamos, lo intoxicamos, lo entregamos al rencor—. La santidad se ridiculiza como represión; el desenfreno se bautiza autenticidad.
- **Autoridad rota**. Padres sin coraje para decir no; hijos sin oído para un sí que ordena; jefes que confunden liderazgo con

dominio; ciudadanos que piden mesías humanos y luego les reclaman milagros. Quedamos atados a la rueda de la decepción.
- **Trabajo sin vocación.** Oficios sin propósito, obras sin belleza, productividad sin descanso. Se acumula dinero sin gozo, y se gasta sin gratitud. Cuando el trabajo no es altar, se vuelve ídolo o castigo.
- **Fiesta sin verdad y duelo sin esperanza.** La risa se vuelve anestesia y el luto, gruta sin salida. La desfiguración no sabe celebrar lo bueno ni llorar con sentido.

## LA TÉCNICA DEL CORAZÓN:
*por qué hacemos el mal incluso cuando "sabemos" el bien*

No pecamos por falta de información, sino por amores desordenados. La mente racionaliza lo que el afecto ya decidió; la voluntad firma donde el deseo dictó. Por eso la Escritura no invita a "ser coherentes con uno mismo" (eso solo consolida el desorden), sino a ser conformados a Cristo. La verdadera libertad no es "hacer lo que quiero"; es querer lo que debo, y poder hacerlo.

La desfiguración no se corrige con cosmética moral ni con cursos de autoestima. Hace falta nacer de nuevo y, desde ahí, reeducar el alma: rehacer apetitos, ensayar paciencia, entrenar la lengua, ordenar el descanso, aprender a mandar y obedecer, a dar y recibir, a gozar y a renunciar. La gracia no es permiso; es potencia que rehace.

## TALLERES DE REHUMANIZACIÓN
*(prácticos, cotidianos, con costo y gloria)*

Nada de trucos. Oficios viejos, Espíritu vivo.

a) **La regla del Nombre**. Comienza el día bendiciendo a Dios en voz alta y diciendo el nombre de las personas que amarás hoy. El rostro se humaniza cuando el Nombre de arriba y los nombres de al lado ordenan la agenda. La prisa sin nombres te hace eficiente para producir, pero cruel para amar.

b) **Examen vespertino**. Antes de dormir, repasa con Dios tres escenas del día: un gesto de gracia recibido, una fidelidad dada, una caída concreta. Nómbralas, agradece, pide perdón y planea una restitución. La conciencia sana cuando deja de hablar en general.

c) **Oficio y belleza**. El oficio cristiano no solo "cumple"; embellece. Haz un pan mejor, escribe un informe claro, limpia un espacio con cariño, arregla algo roto. La belleza humilde es terapia contra el cinismo; devuelve rostro al que mira y al que hace.

d) **Promesas con fecha**. El hombre desfigurado no se atreve a prometer; el regenerado promete poco y cumple. Haz pactos modestos pero reales: llego a tal hora, pago tal día, llamo a tal persona. Cada promesa cumplida lima cinismo y afila esperanza.

e) **Hospitalidad sencilla**. Abre la casa sin teatralidad. Un plato que alcance, una conversación que escuche, una oración breve. La mesa cura soledades y disciplina el ego. Donde hay pan compartido, la imagen se endereza.

f) **Cuerpo con honra**. Duerme con obediencia, come con agradecimiento, trabaja con medida, descansa sin culpa. No es culto narcisista; es mayordomía. La santidad necesita un cuerpo que responda.

g) **Lengua santificada**. Toma una semana para abolir el sarcasmo que humilla, la exageración que vende y el chisme que envenena. Reemplaza con gratitud específica, verdad sin teatro y silencio útil. La lengua rehace rostros… o los rompe.

h) **Perdón y restitución**. No basta decir "perdona"; hay que reparar. Devuelve, restituye, corrige, trabaja el doble si hiciste perder. La justicia concreta es terapia para el alma y escuela para los niños.
i) **Padres que bendicen, hijos que aprenden**. Bendecir no es halagar; es nombrar la obra de Dios en el hijo y señalar con ternura y firmeza el camino. Hijos que agradecen, preguntan, obedecen, discrepan con respeto: esa coreografía humana aparece cuando Cristo reina en casa.
j) **Ayuno de autojustificación**. Una semana sin explicarte cuando fallas; di: "pequé", "me equivoqué", "lo arreglo así". La imagen se endereza cuando la verdad duele y cura.

## LA IGLESIA COMO TALLER DE HUMANIDAD
*(ni club ni espectáculo)*

La comunidad cristiana no es un "servicio" para consumidores; es un cuerpo donde los miembros se comprometen a decirse la verdad en amor, a cargar cargas, a disciplinar el pecado persistente, a celebrar la gracia, a cuidar a viudas y huérfanos, a discernir vocaciones, a enviar obreros. Allí los dones no son trofeos, son herramientas; la autoridad no es privilegio, es lavatorio de pies; la ofrenda no es pago, es gratitud; la cena no es rito seco, es mesa donde se come perdón y se bebe esperanza. Donde la iglesia vive así, el barrio empieza a humanizarse.

## EL ESCÁNDALO DE LA MANSEDUMBRE COMO FUERZA HUMANA

El mundo confunde mansedumbre con debilidad. La Biblia la presenta como músculo del alma: fuerza bajo control para amar en tiempos de enfado, para guardar silencio cuando la venganza pide micrófono, para hablar cuando el miedo quiere morder la lengua. La mansedumbre no es cobardía; es el carácter del Hombre perfecto. Quien aprende esa coreografía se vuelve invencible a los manipuladores: no necesitan aplauso para actuar ni permiso para obedecer.

## MASCULINIDADES Y FEMINIDADES REENDEREZADAS

La desfiguración sexual y afectiva no se cura con campañas; se cura con santidad alegre. Hombres que protegen, proveen y pastorean sin tiranía; mujeres que edifican, nutren y coronan sin servilismo. Ambos con Biblia en la mano, rodillas en el suelo y ojos limpios. El matrimonio como pacto de exclusividad; la soltería como misión sin lamentos; la amistad sin doblez; la pureza como gozo, no como poesía triste. Donde eso se vive, los niños respiran seguridad y los viejos mueren en paz.

## TIEMPO REDIMIDO:
## EL SABBAT COMO PEDAGOGÍA DEL ROSTRO

El descanso no es premio del rendimiento; es mandamiento que catequiza. Un día que interrumpe la tiranía del "hacer para ser", para recordar que somos porque Él es. Descansar bien te vuelve más humano que diez cursos de "productividad". La risa se vuelve oración, la siesta teológica, el juego acto de gratitud. El rostro se suaviza.

## LA DISCIPLINA DEL DUELO Y
## LA OBSTINACIÓN DE LA ESPERANZA

Llorar delante de Dios humaniza. El duelo cristiano no niega el dolor ni lo sacraliza. Nombra pérdidas, se rehúsa a negociar la verdad por alivio, espera resurrección. Cuando un pueblo sabe enterrar a sus muertos con fe y abrazar a sus vivos con ternura, ese pueblo resiste demoliciones culturales sin volverse piedra.

## CRISTO, LA IMAGEN QUE REHACE IMÁGENES

No nos miramos a nosotros para salvarnos; miramos al Hombre que no se avergonzó de llamarnos hermanos. Él llevó nuestra vergüenza, enfrentó nuestro miedo, cargó nuestra culpa. Tocó leprosos, miró a los despreciados, habló con la verdad que duele y con la misericordia que cura. Su resurrección no inaugura un club de espiritualidades; inaugura una nueva humanidad. La iglesia no es museo de vitrinas limpias; es taller de restauraciones en curso. Por eso la práctica cristiana más revolucionaria sigue siendo la más ordinaria: escuchar su Palabra, responder con oración, participar de su mesa, caminar con su pueblo, trabajar como para Él, amar al enemigo, decir la verdad, guardar el lecho, abrir la casa, cuidar al pequeño. Ahí, en lo que el mundo llama poca cosa, el rostro se refigura.

El hombre desfigurado no necesita disfraces mejores; necesita nacer de nuevo y aprender a vivir. Cuando Cristo ocupa el centro, el yo baja del trono, el prójimo recupera nombre, el trabajo recupera sentido, el cuerpo recupera honra, la autoridad recupera servicio, la fiesta recupera verdad y el duelo recupera esperanza. Entonces, sin ruido, emergen hombres y mujeres con rostro: discípulos. Y donde hay discípulos, hay humanidad.

## EL CORAZÓN CONTROLADOR:
CUANDO EL TRONO NO CABE EN EL PECHO

Todo sistema de control total empieza en un lugar mucho más pequeño que la ONU o Silicon Valley: empieza en el pecho humano. Antes de que hubiera algoritmos de vigilancia, ya había corazones que querían estar sentados donde solo Dios debe estar. El Apocalipsis habla de bestia y dragón, pero Génesis 3 nos presenta el primer susurro escatológico: "seréis como Dios". No fue una lección de teología; fue una propuesta de poder. No fue una simple desobediencia puntual; fue un intento de golpe de Estado espiritual.

El pecado original no es simplemente "portarse mal". Es tratar al Creador como un asesor opcional y asumir que el trono del universo cabe en mi voluntad. Ahí nace la mentalidad de control total. La serpiente ofreció autonomía absoluta: tú decides, tú defines, tú estableces el bien y el mal. Ese virus de soberanía usurpada se ha heredado por siglos. Por eso, antes de hablar de imperios, necesitamos mirar honestamente el propio corazón: en cada ser humano hay una pequeña oficina de planificación de control que, si la dejas crecer, termina construyendo imperios a escala.

La Biblia describe esta patología en términos fuertes. Romanos 1 habla de hombres que "no aprobaron tener en cuenta a Dios", que cambiaron la gloria del Dios incorruptible por la imagen de criaturas. Es el mismo mecanismo: saco a Dios del centro y pongo algo manejable, algo que yo pueda negociar, definir, administrar. El controlador no soporta la idea de un Señor que le diga "no". Necesita una espiritualidad adaptada, un Dios de bolsillo, o directamente ningún Dios. Y cuando eso se multiplica en millones de corazones, la suma da como resultado dragones, bestias y Babilonias.

Desde la psicología, el controlador suele ser alguien que ha conocido el miedo o la vergüenza y decidió que nunca más estará en desventaja. Por dentro hay un niño herido; por fuera, un adulto que ordena, planifica y monitorea. En términos espirituales, en vez de llevar ese dolor al Padre, lo convierte en motor para construir estructuras defensivas: relaciones donde siempre tiene la razón, ministerios donde todo pasa por su filtro, empresas donde ningún proceso respira sin su visto bueno. El corazón controlador no descansa, porque siente que, si afloja, el mundo se desmorona.

La Escritura dice, en cambio, que "todas las cosas subsisten por Él" y que Cristo "sustenta todas las cosas con la palabra de su poder". Si Él es quien sostiene, yo no necesito ser dios de mi universo. Pero el corazón controlador no lo cree. Prefiere la angustia del dominio antes que la paz de la dependencia. Y esa incredulidad no se queda en lo íntimo: el que intenta controlar su micromundo termina alimentando el macro–mundo del control. Esposos que quieren controlar consciencias; gobiernos que quieren controlar narrativas; tecnócratas que quieren controlar datos; líderes religiosos que quieren controlar almas.

En el fondo, todos los proyectos de control total son una extensión del mismo pecado: "yo me siento mejor que Dios para decidir qué conviene al ser humano". El dragón es el padre de la mentira; la bestia es la versión institucionalizada de esa mentira; pero el corazón controlador es el terreno donde esa mentira arraiga. Por eso, antes de hablar de marcas en la frente, hay que hablar de pensamientos obsesivos en la mente. Antes de hablar de coerción económica, hay que hablar de idolatría al propio criterio.

Los ejemplos bíblicos abundan. Saúl no soporta que el pueblo cante más fuerte por David que por él; su necesidad de control lo lleva a perseguir al ungido. Nabucodonosor levanta una estatua desproporcionada y exige adoración total; su orgullo controlador termina en locura. Herodes mata niños para conservar un trono que le quedaba grande. En todos los casos, la raíz es la misma: el corazón no admite competencia. El otro se vuelve amenaza, incluso si es enviado de Dios.

La escatología no nos muestra un anticristo salido de la nada, sino la maduración extrema de esa lógica. El "hombre de pecado" que se sienta en el templo de Dios, haciéndose pasar por Dios, es la versión explícita de lo que ya está en germen en cada corazón sin Cristo: yo en el centro, yo defino, yo exijo. El misterio de iniquidad ya está en acción porque ya hay millones de corazones que viven sin referencia al Señor. Lo que falta es el clima histórico, político y tecnológico para que eso se encarne en una figura y un sistema global.

Aquí entra la pastoral. Es fácil indignarse con los grandes controladores del siglo y no mirar el pequeño tirano que llevamos dentro. Es fácil hablar del globalismo y no revisar el modo en que pretendemos gobernar la casa, la iglesia o el trabajo sin rendir cuentas a Dios. Pero si queremos preparar al pueblo para discernir la bestia, necesitamos primero que reconozca cómo la lógica de la bestia se cuela en su propia vida: padres que manipulan con culpas, esposos que humillan, líderes que tratan a las personas como piezas, creyentes que usan la Biblia como herramienta para controlar comportamientos en vez de como espada para discernir el propio corazón.

El evangelio no viene a darte técnicas de control más sofisticadas; viene a desarmar la necesidad de controlar. Cristo, siendo en forma de Dios, no estimó el ser igual a Dios como cosa a qué aferrarse. Renunció a la supremacía visible, se hizo siervo, se humilló hasta lo sumo. El único que podía aferrarse al trono lo soltó por amor. A la luz de ese acto, nuestras pequeñas ansias de control quedan expuestas. La cruz es la derrota del corazón controlador: allí Dios muestra que el poder verdadero no consiste en dominar a todos, sino en entregarse por muchos.

Cuando el Espíritu Santo entra en una vida, reorganiza el centro. Donde antes estaba el yo, ahora está Cristo. Donde antes las decisiones giraban alrededor de la conveniencia, ahora giran alrededor de la obediencia. Eso no anula la responsabilidad humana, pero la ubica: ya no soy el arquitecto último de mi destino, soy siervo de un Rey sabio. Esa conversión interior es el único antídoto verdadero contra el control total. Una sociedad de corazones convertidos es ingobernable para la bestia; una iglesia con el yo crucificado es un problema serio para cualquier sistema que quiera controlar conciencias.

Por eso, el llamado no es solo a entender la teología del control, sino a rendir el control personal. La profecía no se escribió para llenar diagramas, sino para quebrar orgullos. Dios no nos revela el destino de la humanidad para entretener curiosos, sino para humillar a los que todavía creen que pueden manejar su propia historia sin Él. Si reconocemos hoy que nuestro corazón quiere trono, podemos venir al único Trono legítimo y confesar: "Señor, he querido ser dios de mi vida. Perdóname. Toma Tú el gobierno".

Ese acto sencillo, aparentemente pequeño, tiene resonancia escatológica. Un hombre que se rinde a Cristo se convierte en ciudadano de un Reino que no podrá ser sacudido. Una mujer que deja de manipular para empezar a confiar en la soberanía de Dios deja de ser combustible del sistema para convertirse en testigo del Cordero. Un joven que reconoce su ansia de control sobre imagen, futuro, relaciones, y la entrega a Cristo, rompe el circuito de la bestia antes de que llegue el decreto final. Así se libra la guerra desde ahora.

Si hoy notas que tu vida entera se ha organizado para no perder control —control de tu reputación, de tus finanzas, de tus hijos, de tu ministerio—, escucha la voz del Espíritu que te dice: "Suelta. No eres Dios". No se trata de irresponsabilidad, sino de cambio de gobierno. Se trata de aprender que el mismo Cristo que sostendrá el universo en el día de la ira puede sostener tu casa en el día a día. Se trata de aceptar que el mejor lugar para un corazón controlador es rendido a los pies del Cordero que fue inmolado.

Y si todavía no conoces a ese Cordero como Salvador, esta es la hora de hacerlo. No se trata solo de evitar un futuro anticristo, sino de ser rescatado del anticristo interior que te promete libertad mientras te esclaviza a tus propios deseos. Jesucristo murió en una cruz, cargando nuestro pecado, nuestra soberbia, nuestra necesidad de trono. Resucitó al tercer día para ofrecer perdón y vida nueva a todo el que cree. Él no viene a ser asesor de tu proyecto, viene a ser Señor de tu vida. Entrégale hoy el control que nunca debiste robar. El día en que te rindes a Cristo, empieza para ti el verdadero fin del control total.

## ATERRIZAJE ESCATOLÓGICO

La escatología no empieza con microchips ni con bestias geopolíticas: empieza con un hombre desfigurado que necesita ser rehecho. El proyecto de control total solo triunfa donde encuentra rostros sin centro, identidades definidas por consumo, afectos sin orden y lenguajes sin verdad. Un sistema que pretende gobernar conciencias necesita primero vaciar al ser humano por dentro; por eso el misterio de iniquidad opera, desde el principio, deformando imagen, vocación, relaciones y descanso.

Los últimos tiempos, según la Escritura, no son solo escenario de señales externas, sino de una humanidad cada vez más incapaz de amar la verdad. Frente a ese panorama, la respuesta no es una paranoia religiosa, sino una rehumanización en Cristo: permitir que el Espíritu tome ese espejo roto, limpie el lodo del pecado y vaya enderezando línea por línea lo que el orgullo torció. Cada vez que un hombre aprende a pedir perdón, una mujer recupera la honra de su cuerpo, una lengua deja de mentir, una familia santifica su mesa y una iglesia vive como taller de humanidad, la bestia pierde terreno. El juicio final revelará estructuras injustas; pero antes de eso, el Señor está levantando hombres y mujeres con rostro, discípulos que anticipan en su carne la nueva creación. En esa batalla, la antropología cristiana no es lujo intelectual: es defensa escatológica.

# CAPÍTULO 3

# LA MENTE CAUTIVA

El apóstol Pablo escribió a los corintios que "el dios de este siglo cegó el entendimiento de los incrédulos, para que no les resplandezca la luz del evangelio de la gloria de Cristo" (2 Corintios 4:4). Con esas palabras, nos revela que la batalla más grande no es contra ejércitos visibles ni contra sistemas políticos solamente, sino contra un poder que esclaviza la mente. Si la bestia controla el comercio y la política, el dragón busca controlar el pensamiento. Una mente cautiva es más fácil de manipular que un cuerpo encadenado.

La Biblia nos muestra ejemplos claros de esta estrategia. En Babilonia, Nabucodonosor ordenó reeducar a los jóvenes hebreos en lengua, cultura y religión caldea (Daniel 1:3-7). Cambiar nombres era parte del plan: quitarles identidad para que olvidaran a su Dios. En tiempos de los profetas, los falsos discursos anestesiaban a la gente con frases como "paz, paz, y no hay paz" (Jeremías 6:14). Roma, más tarde, perfeccionó la fórmula con pan y circo: alimentar el estómago y entretener los ojos mientras la mente quedaba adormecida. En todos los casos, la mente era el campo de batalla.

La historia moderna confirma el mismo patrón. Los regímenes totalitarios del siglo XX no se sostuvieron solo con armas, sino con propaganda. El nazismo inundó Alemania de carteles, discursos y películas que repetían el mismo mensaje hasta que la mentira se convirtió en verdad colectiva.

El comunismo soviético construyó un universo paralelo donde la escasez era llamada prosperidad y la represión era llamada justicia. Las dictaduras latinoamericanas manipularon la educación para borrar memorias incómodas. El control de la mente siempre precede al control de la nación. Hoy vivimos bajo un bombardeo más sofisticado. La propaganda ya no necesita pancartas; viaja en pantallas que cargamos en los bolsillos. Algoritmos deciden qué pensamos al seleccionarnos noticias, productos y hasta opiniones. Lo que antes era censura abierta ahora es programación invisible. El ciudadano cree que elige, pero en realidad consume lo que el sistema quiere que vea. La corrección política actúa como catecismo moderno: dicta qué palabras se pueden usar, qué temas se deben callar y qué opiniones merecen linchamiento. La censura ya no se impone con cárceles, sino con cancelaciones.

La psicología lo llama disonancia cognitiva: el ser humano es capaz de aceptar contradicciones enormes si todo su entorno las normaliza. Así, sociedades enteras aplauden lo que ayer consideraban absurdo. Lo que hace unas décadas era pecado hoy se celebra como derecho. Lo que antes se entendía como verdad hoy se llama intolerancia. Una mente cautiva no cuestiona, repite. No analiza, se adapta. No busca la luz, se acostumbra a la sombra.

Pablo advierte a los romanos: "No os conforméis a este siglo, sino transformaos por medio de la renovación de vuestro entendimiento" (Romanos 12:2). La clave es que el mundo siempre quiere conformar, moldear, uniformar. La mente cautiva es aquella que ha entregado su pensamiento a la corriente del siglo, mientras la mente renovada es aquella que ha sido iluminada por Cristo. La diferencia entre una y otra es la diferencia entre esclavitud y libertad.

Las consecuencias de una mente cautiva se ven en la sociedad actual. Multitudes obedecen a autoridades sin cuestionar, aceptan narrativas mediáticas sin contrastar y defienden ideologías, aunque se contradigan entre sí. En lo individual, produce ansiedad, depresión y vacío. Una mente que se ha reducido a consumir imágenes y frases cortas pierde la capacidad de contemplar, de meditar, de discernir. El alma termina empobrecida porque la mente se tomó cautiva.

Pero el evangelio ofrece una alternativa gloriosa. Jesús dijo: "Conoceréis la verdad, y la verdad os hará libres" (Juan 8:32). Esa verdad no es un concepto filosófico, es una persona: Cristo mismo. Cuando el Espíritu Santo ilumina la mente, las cadenas invisibles caen. El joven hebreo en Babilonia puede aprender la lengua caldea, pero mantiene su identidad. El creyente en Roma puede asistir al mercado, pero no adora al César. El cristiano moderno puede usar tecnología, pero no se deja definir por los algoritmos. La diferencia está en quién ocupa el trono de la mente.

El mundo necesita mentes cautivas para sostener sus imperios, pero Dios busca mentes renovadas para extender su reino. Por eso la batalla final no será solo en campos de guerra, sino en las conciencias. La bestia quiere consumidores obedientes; el Cordero quiere discípulos libres. El dragón marca con número; el Espíritu sella con nombre. Y cada ser humano debe decidir: ¿entregaré mi mente al ruido del sistema o la consagraré a la verdad eterna?

La hora undécima es tiempo de despertar. El creyente no puede caminar dormido ni repetir consignas. Debe pensar con Biblia, discernir con Espíritu, vivir con mente renovada. Solo así resistirá las cadenas invisibles del dragón y seguirá al Cordero en libertad. Porque al final, la mente cautiva termina esclava; la mente renovada termina glorificada.

## DE BABEL A BIG DATA:
## LA TORRE QUE AHORA SE CONECTA POR WIFI

La historia de Babel siempre nos ha parecido un episodio antiguo, casi ingenuo: gente haciendo ladrillos, levantando una torre, soñando con tocar el cielo. Pero Génesis 11 es mucho más que una anécdota arquitectónica: es el bosquejo espiritual de todos los proyectos de control global. "Hagámonos un nombre", dijeron; "edifiquémonos una ciudad y una torre cuya cúspide llegue al cielo". No era solamente altura física; era ambición teológica. Querían unificar, centralizar, asegurar su identidad sin depender del Dios que había dicho "llenad la tierra".

En Babel nace la tentación de unificar humanidad, lenguaje y proyecto bajo un solo mando humano. Dios había mandado dispersión para llenar el mundo; ellos proponen concentración para no ser esparcidos. La primera plataforma de control total es una alianza cultural: un solo idioma, una sola narrativa, un solo propósito. El texto subraya la eficacia potencial: "nada les será imposible". Es decir, cuando los seres humanos se alinean en rebeldía contra Dios, logran una capacidad de organización impresionante. El problema no es la cooperación; es el propósito que la guía.

Dios desciende —ese verbo irónico de la soberanía: aunque el hombre suba, Dios siempre tiene que "bajar" a ver— y confunde las lenguas. No destruye la ciudad por falta de tecnología; frustra el proyecto por misericordia. Si hubiera dejado que la humanidad se organizara sin freno moral, habría creado un infierno anticipado. La dispersión fue juicio y gracia a la vez. La confusión de lenguas impidió una unidad diabólica. Desde entonces, la historia ha oscilado entre momentos de dispersión y tentativas de nueva Babel: imperios que quieren unificar leyes, moneda, culto, cultura.

Roma fue una Babel mejor organizada. Carreteras, leyes, idioma común, ejército profesional. Lo llamaron "paz", pero era paz bajo bota. El César representaba la cúspide de la torre: una figura humana con pretensiones divinas. Quien no participaba del culto al emperador quedaba fuera del "consenso". La iglesia primitiva comprendió intuitivamente que no podía servir a dos señores. Cuando confesaban "Jesucristo es el Señor", estaban rechazando el eslogan oficial: "César es Señor". Aquella simple confesión era dinamita escatológica en los cimientos de Babel.

Avanzan los siglos, cambian los trajes, persiste la torre. Los proyectos de unidad bajo bandera humana se repiten: sacros imperios, colonizaciones "civilizadoras", ideologías que prometen un nuevo hombre. Cada uno trae su propio lenguaje único: el código de honor, la ideología oficial, el discurso del progreso. Quien habla fuera del guion es etiquetado como subversivo, retrógrado, enfermo. Babel siempre necesita un idioma obligatorio; la diferencia es que hoy ese idioma viaja a la velocidad de la luz.

Entramos así en la era de Big Data. Por primera vez en la historia, la humanidad tiene herramientas técnicas para acercarse al sueño de Babel sin necesidad de juntarse físicamente en un valle. No hace falta una sola torre de ladrillos; basta con millones de dispositivos conectados a unos pocos centros de decisión. Un puñado de empresas y gobiernos pueden saber dónde estás, qué te gusta, qué temes, con quién hablas, qué compras, qué opinas. El lenguaje común ya no es solo una lengua; es un código digital de preferencias, clics y patrones de comportamiento.

Los algoritmos se convierten en traductores universales de deseo humano. Observan, clasifican, predicen. Y, poco a poco, empiezan a decidir. Deciden qué ves, a quién escuchas, qué te indigna, qué te divierte. Es la nueva homogeneización: no necesitas que todos hablen el mismo idioma, basta con que todos respondan a la misma programación emocional. Babel ya no necesita un solo discurso; puede permitir miles, siempre que pasen por su filtro y sirvan a su narrativa final. La torre ahora tiene servidores, cables submarinos, satélites. Y, sin embargo, el espíritu es el mismo: "hagámonos un nombre".

Desde la sociología, esto se traduce en lo que algunos llaman "sociedad de la transparencia": todo debe ser visible, medible, rastreable. Lo que no se puede registrar, no existe. Pero traducido a lenguaje bíblico, es el viejo impulso de vigilancia total: ser como Dios, que todo lo ve. La diferencia es que el Dios verdadero ve para salvar; la pseudo-divinidad tecnológica ve para controlar. Lo que en manos del Creador es omnisciencia sabia, en manos del sistema se convierte en panóptico deshumanizante.

Apocalipsis 13 encaja en este desarrollo. La bestia ejerce control sobre "todos, pequeños y grandes, ricos y pobres, libres y esclavos". El alcance es universal. Y el control no es solo militar, es económico: "que ninguno pudiese comprar ni vender, sino el que tuviese la marca". Para legislar así, necesitas información infinita. Necesitas saber quién compra qué, dónde, cuándo, con qué frecuencia. La profecía, por tanto, no es un delirio medieval; es una descripción precisa de lo que la tecnología actual ya permite esbozar: sistemas financieros digitalizados donde el acceso puede ser cortado con un clic para quienes no se alinean.

No se trata de demonizar cada avance técnico, sino de entender la dirección espiritual. El problema no es que un teléfono tenga cámara; es que un ecosistema de dispositivos, normas y narrativas se alineen para convertir al ciudadano en pieza perfectamente predecible de una maquinaria sin Dios. El problema no es que exista una moneda digital; es que se convierta en herramienta para premiar obediencia ideológica y castigar disidencia. El problema no es que se puedan traducir idiomas en tiempo real; es que se use esa capacidad para imponer un pensamiento único y considerar "discurso de odio" cualquier palabra que recuerde el señorío de Cristo.

El creyente que lee Babel y mira Big Data no debería responder con pánico, sino con discernimiento. Dios sigue descendiendo sobre nuestras torres, no porque tenga miedo de ellas, sino porque se toma en serio el sufrimiento que producirían si llegaran a su culminación sin juicio. El Apocalipsis muestra que, por un tiempo, Dios permitirá que el sistema se acerque a su expresión máxima para luego derribarlo y mostrar la superioridad del Reino del Cordero. La pregunta no es si la torre caerá (va a caer), sino de qué lado estaremos cuando eso suceda.

Pastoralmente, necesitamos preparar a la iglesia para vivir en un mundo donde la torre digital será omnipresente. Eso implica enseñar a usar la tecnología sin arrodillarse ante ella; a estar informados sin ser adoctrinados; a participar sin disolver la identidad en la marea de opiniones. Implica formar creyentes que sepan desconectarse para buscar el rostro de Dios, que puedan decir "no" a ciertas plataformas si se convierten en canales exclusivos del dragón, que estén dispuestos a perder visibilidad antes que perder fidelidad.

También implica advertir contra la ilusión de que podemos construir una Babel cristiana: un gueto digital propio donde creemos que controlamos todo porque hay versículos en cada post. El corazón controlador se cuela también en proyectos "piadosos": canales donde un líder no admite corrección, comunidades donde la presión grupal ahoga la conciencia individual, ministerios donde el nombre del hombre suena más que el de Cristo. No basta con que la torre tenga cruz en la fachada; hay que revisar quién está sentado en el centro.

La buena noticia es que, mientras Babel sube, Dios sigue levantando algo completamente distinto: una ciudad que desciende. Apocalipsis 21 no describe una torre que el hombre construye para subir al cielo, sino una Jerusalén nueva que baja del cielo, de Dios. El proyecto final no es "hagámonos un nombre", sino "el nombre de Dios en sus frentes". No es la humanidad auto–organizada en rebelión, sino un pueblo redimido, de toda lengua y nación, reunido en torno al Cordero. Esa visión nos vacuna contra la desesperación y contra la tentación de aliarnos con Babel para "aprovechar sus recursos".

Si hoy sientes que el mundo se te ha vuelto demasiado grande, demasiado monitorizado, demasiado invasivo, recuerda esto: la torre más alta no puede perforar el cielo de Dios. Ninguna base de datos contiene el nombre que importa: el que está escrito en el libro de la vida del Cordero. Ningún algoritmo decide tu identidad última. Tu historia no termina en un servidor, termina ante un trono. Allí no te preguntarán cuántos seguidores tuviste, sino a quién seguiste. Allí no se medirá tu reputación digital, sino tu respuesta a la gracia de Jesucristo.

Ese Jesucristo, Cordero y Señor, vino a este mundo no para crear otra torre, sino para derribar la separación real: la que nos apartaba de Dios. En la cruz cargó con nuestro pecado, nuestra soberbia, nuestras pequeñas y grandes Babeles personales. Resucitó para abrir un camino nuevo y vivo hacia la presencia del Padre. Hoy te llama no a subir escalones de mérito, sino a aceptar un regalo inmerecido. En un mundo que te exige construirte un nombre, Él te ofrece darte un nombre nuevo por pura gracia. En un sistema que te reduce a dato, Él te llama por tu nombre y te dice: "Tú eres mío".

Ríndete a Él en esta hora. No te contentes con vivir asustado por las torres de este siglo. Únete al pueblo que espera la ciudad que desciende, no la torre que sube. Y mientras tanto, vive con fidelidad humilde: usando lo que tengas, apagando lo que debas, hablando cuando el dragón exige silencio y callando cuando el sistema solo quiere que grites lo que todos repiten. Así se resiste a Babel en la era de Big Data: no con conspiraciones vacías, sino con corazones llenos del Cordero.

## ATERRIZAJE ESCATOLÓGICO

La Escritura habla de una hora donde muchos se enfriarán, la mentira se volverá norma y el amor de muchos se enfriará. Antes de llegar ahí, hay un trabajo silencioso que prepara el terreno: familias cansadas, mesas apagadas, padres distraídos, hijos entretenidos pero no pastoreados. La bestia no entra al mundo por decreto; entra primero por la puerta entreabierta de la casa. Cuando el altar doméstico se derrumba, el altar del sistema encuentra terreno plano. Cuando se apaga la oración en la sala, la pantalla se vuelve el nuevo púlpito. Cuando la Biblia deja de leerse en familia, el algoritmo se convierte en catecismo.

La hora profética no se mide solo en guerras y pestes; se mide también en la capacidad de una generación para sostener verdad en la mesa. El dragón sabe que una familia que ora, piensa y sirve junta es un problema estratégico para su proyecto. Por eso las presiones de este siglo se concentran en la casa: jornadas interminables que roban presencia, deudas que asfixian, contenidos que erosionan la inocencia, agendas ideológicas que intentan reeducar a los hijos a espaldas de los padres. No es casualidad; es liturgia rival.

Cuando Apocalipsis muestra al dragón persiguiendo a la mujer y a su descendencia, no describe una abstracción teológica. Está retratando el odio del sistema contra el vientre que gesta fe y contra la casa que la alimenta. La guerra escatológica tiene trincheras visibles —naciones, leyes, tratados—, pero tiene trincheras domésticas: la sala donde una pareja decide perdonarse, la habitación donde un padre ora por su hijo rebelde, la cocina donde una madre bendice mientras friega, la mesa donde se lee un Salmo antes de dormir. Esas escenas, que el mundo desprecia como irrelevantes, son maniobras militares del Reino en tiempos de bestia.

En la hora en que se hable de marcas, decretos, censuras y controles económicos, habrá hombres y mujeres que no se doblegarán no porque leyeron todos los libros de profecía, sino porque aprendieron a doblar rodillas en su casa. El corazón que se ha ejercitado en obedecer a Dios en lo pequeño no se venderá por un subsidio, ni por un pasaporte verde, ni por una promesa de estabilidad. La familia que se ha acostumbrado a vivir del pan de la Palabra no entrará en pánico cuando el pan del sistema se condicione. El matrimonio que ha hecho de su pacto un altar no entregará su conciencia para salvar su reputación.

La terapia familiar del Reino es más que higiene emocional; es preparación escatológica. Cada vez que la casa resiste la tentación de solucionar conflictos con gritos y decide hacerlo con confesión y perdón, se vuelve más difícil de marcar. Cada vez que un padre corrige con amor en vez de abandonar por cansancio, debilita la lógica de la bestia que quiere hijos entregados al Estado. Cada vez que una madre enseña a su niño a orar por los que gobiernan, pero también a discernir lo que es pecado aunque lo aprueben las leyes, está entrenando a un ciudadano del Reino que no será arrastrado por el miedo cuando llegue el día malo.

Cuando el mapa profético avance hacia sus últimas casillas, no serán los más informados los que permanezcan, sino los más obedientes. Y muchos de esos obedientes habrán aprendido la obediencia en pijama, alrededor de una mesa sencilla, bajo el techo de una casa imperfecta donde Cristo fue honrado. Allí se fragua el remanente que hará frente, no con discursos altisonantes, sino con una fidelidad que no sabe venderse. En tiempos de bestia, la familia que sirve al Señor se convierte en pequeña embajada de la Jerusalén que viene.

## CAPÍTULO 4

# TERAPIA FAMILIAR PARA TIEMPOS DE BESTIA

Cuando la Escritura nos enseña que el misterio de iniquidad ya está en acción, no lo hace para asustarnos, sino para entrenarnos. Y el primer taller del entrenamiento cristiano no es el palacio, es la casa. La iglesia es columna y baluarte de la verdad; la familia es su primer laboratorio. El control total intenta colonizar la mente, el bolsillo y el discurso; pero donde realmente hiere es en la mesa, en la relación diaria entre esposos y entre padres e hijos. Si logra quebrar la familia, desarma el dique que contenía el torrente del miedo.

En tiempos de bestia, la tentación de la casa es imitar al mundo: responder a la ansiedad con más pantalla, al cansancio con más consumo, al desorden con más ruido. El Reino propone lo contrario: una mesa sencilla, una conversación honesta, una liturgia doméstica corta y constante. Cuando los hijos aprenden a orar con nombre y verbo, la bestia pierde ese día un centímetro de terreno en su corazón.

Terapia familiar no es una moda terapéutica. Es teología practicada en voz baja. Es el trabajo de levantar el altar en la sala y de volver a leer juntos la Palabra. No es huir del mundo, es recordar, cada noche, quién es el Señor del mundo. Si el hogar aprende a decir la verdad con amor, el algoritmo no sabrá cómo etiquetar ese milagro.

Hay tres ejercicios que una casa cristiana puede hacer sin recursos extraños: hemeroteca familiar, confesión sencilla y servicio pequeño. La hemeroteca es cortar titulares y compararlos con los textos bíblicos; así los hijos aprenden a no tragar sin masticar. La confesión sencilla es hablar de los pecados reales con palabras claras y perdones concretos; no hay terapia más potente que ese evangelio en miniatura. El servicio pequeño es visitar a un vecino, compartir pan, limpiar una banqueta; es poner en práctica que la fe sin obras está muerta, y que el amor perfecto echa fuera el temor.

No todo será fácil. Habrá días de gritos, de puertas que se cierran, de silencios incómodos. Está bien. La terapia del Reino no es espectáculo de redes, es perseverancia. Es pedir perdón delante de los hijos cuando te equivocas. Es apagar el celular durante una hora y aguantar el hormigueo del pulgar. Es decidir que el alma de tu casa vale más que un like, y que nadie negocia esa prioridad, ni la escuela, ni el jefe, ni la política.

Alguien preguntará si todo esto sirve cuando los imperios aprietan. Sirve, y mucho. Porque un pueblo que aprende a comer con gratitud, a cantar con convicción y a hablar con verdad, no se rinde a una pantalla que dicta su humor del día. Una familia que ora junta no se deja administrar por el miedo. Un matrimonio que se perdona no se vende por un subsidio emocional. Los sistemas saben que la mesa es peligrosa para sus fines; por eso la llenan de ruido. El creyente lo sabe también; por eso la limpia de ídolos.

"Yo y mi casa serviremos a Jehová". No es eslogan para cuadros, es una consigna de guerra. La casa que sirve al Señor no idolatra ni al Estado ni al mercado ni a la tribu digital. La casa que sirve al Señor aprende a esperar y a vigilar con sobriedad. Y cuando la presión llega, sabe qué decir y cómo decirlo. No responde con pánico; responde con una paz que el mundo no puede producir.

La terapia familiar del Reino tiene menos técnicas de moda y más hábitos santos: escuchar sin interrumpir, responder sin herir, disciplinar sin humillar, afirmar sin adular, orar sin imposturas, trabajar con diligencia y descansar con gozo. Es sencillo de escribir y difícil de practicar; por eso necesita gracia cada mañana. El Señor la da.

"Hijos, obedeced"; "Padres, no provoquéis a ira"; "Maridos, amad"; "Mujeres, respetad". No son frases para redes, son columnas de una casa que soporta el viento. La bestia puede mirar desde fuera, puede murmurar desde la pantalla, puede apretar con el bolsillo; pero no puede entrar donde el Cordero es honrado cada noche.
No arreglarás el mundo desde tu sala; tampoco estás llamado a eso. Estás llamado a ser fiel en lo pequeño, que es grande para Dios. Un niño que aprende a orar por sus enemigos desmonta un argumento de la cultura. Una esposa que honra a su esposo cuando nadie la mira humilla la vanidad del siglo. Un esposo que se entrega como Cristo a su iglesia desactiva el machismo y el narcisismo mejor que mil discursos. Una familia que comparte lo poco que tiene anuncia un Reino que el crédito no puede comprar.

Quizá pienses que ya vas tarde, que tu casa tiene demasiadas grietas, que tus hijos están muy grandes, que el corazón duele y que no sabes por dónde empezar. Empieza por la mesa. Pide perdón. Abre la Biblia. Apaga la televisión una hora. Caminen juntos. Llamen a un hermano. Visiten a un vecino. Es poca cosa, pero el Señor multiplica el pan de los sencillos. Donde hay obediencia humilde, hay milagros discretos que sostienen la ciudad.

Hay cosas que la bestia no puede entender: una canción en la cocina, una risa sin filtro, un abrazo después de un día tenso, una ofrenda entregada con alegría, una lectura de Salmos que calma el alma de un adolescente. Esas cosas, tan pequeñas, sostienen naciones más que cien discursos sobre gobernanza. El Reino avanza a ese ritmo: el de la fidelidad que no hace ruido y que, sin embargo, cambia todo.

Cuando el mundo te venda terapia rápida para un dolor de años, vuelve a lo básico del Reino: Palabra, oración, mesa, congregación, servicio. Y cuando alguien te pregunte por qué sigues con esas prácticas que parecen pequeñas, diles la verdad: porque allí el Cordero reina y la bestia no sabe reinar. Porque allí se aprende a vivir sin miedo. Porque allí se ama de verdad. Porque allí, en la casa, empieza la libertad que ningún decreto puede comprar ni cancelar.

Una casa así no se fabrica en un fin de semana. Se edifica con paciencia, torpeza y gracia. Un paso hoy, dos pasos mañana, medio paso el viernes. Y el sábado, volver a empezar. Un día verás que lo pequeño se convirtió en costumbre, y la costumbre en carácter, y el carácter en testimonio. Y entonces entenderás por qué el Señor empezó su salvación en pesebre: porque el Reino comienza donde menos lo esperan los imperios.

Al final, la terapia familiar del Reino no es otra cosa que el Evangelio practicado en la casa: Cristo en el centro, la cruz como estilo, la resurrección como esperanza. Así se curan las mentes cautivas. Así se resisten los sistemas que quieren la conciencia. Así se camina hacia la ciudad que tiene fundamentos. Y así, sin ruido de espada ni humo de altar pagano, una familia común hace temblar a la bestia. Esa es la terapia que salva en tiempos de caos.

## LA CASA COMO TRINCHERA DEL CORDERO EN TIEMPOS DE BESTIA

Hay una escena sencilla en el libro de Josué que es, en realidad, un manifiesto profético para tiempos de bestia. En medio de un pueblo rodeado de enemigos, con presiones culturales por todos lados, Josué se para y dice: "Yo y mi casa serviremos a Jehová". No era una frase para bordar cojines; era una declaración de guerra espiritual. Estaba diciendo: aunque el sistema alrededor se incline ante dioses ajenos, mi casa tendrá otro dueño. En un lenguaje moderno: aunque la bestia marque territorios, aquí manda el Cordero.

El control total sabe que la familia es demasiado peligrosa si se mantiene sana. Una mesa donde se ora, se conversa y se discierne es una amenaza mayor que un tanque. Un padre que pide perdón quebranta más maldiciones que mil discursos de autoayuda. Una madre que ora por sus hijos en la madrugada provoca más desajustes al reino de las tinieblas que un trending topic. Por eso el sistema necesita colonizar la casa: a través de pantallas, currículos, horarios, deudas, modelos de éxito. No le basta con controlar instituciones; quiere rediseñar los afectos.

La Escritura no idealiza la familia como si fuera una postal de revista cristiana. Muestra hogares rotos, hermanos que se odian, matrimonios en crisis, hijos rebeldes. Pero precisamente por eso, ofrece un camino de restauración que no depende de técnicas, sino de gracia aplicada. Deuteronomio 6 no propone un curso de fin de semana; describe un estilo de vida: "estas palabras… las repetirás a tus hijos, y hablarás de ellas estando en tu casa, y andando por el camino, y al acostarte, y cuando te levantes". Es un programa de discipulado doméstico en alta definición: Dios en la agenda, en las conversaciones, en los gestos cotidianos.

En tiempos de bestia, ese mandamiento se vuelve urgente. Porque el sistema también tiene su Deuteronomio: "estas narrativas inculcarás a tus hijos, hablarás de ellas en el aula, en los anuncios, en las series, en los deportes y en los memes". La ideología no duerme. La bestia no descansa. El profeta del dragón diseña contenido para todas las edades. Si los padres se ausentan, alguien ocupará el lugar de formador: una pantalla, un influencer, un maestro militante, un grupo de pares. No existe el vacío ideológico; existe la renuncia de los padres a ocupar el espacio que Dios les asignó.

Aquí la psicología familiar nos ayuda a ver el cuadro con más detalle. Muchos hogares hoy están atravesados por ansiedad, depresión, adicciones, violencias pasivas. No hace falta un régimen totalitario externo para que la bestia gane terreno; le basta con que la casa se convierta en campo de batalla permanente sin evangelio. Cuando el hogar es solo un espacio de supervivencia, cada uno con su pantalla, cada uno con su herida sin nombrar, el sistema sabe que tiene allanado el camino. Una generación que no ha conocido amor sacrificial en casa es presa fácil de cualquier pseudo–mesías colectivo.

Pero el evangelio aterriza justamente ahí: en salas desordenadas, en cocinas cansadas, en cuartos donde el adolescente se encierra con audífonos. Cristo no viene a buscar familias de catálogo, viene a crear familias nuevas en medio del caos. Efesios 5 y 6 no son un ideal inalcanzable; son la descripción de lo que el Espíritu puede hacer en gente común: maridos que aman "como Cristo amó a la iglesia", esposas que respetan, hijos que obedecen, padres que no provocan a ira, siervos que trabajan con integridad. Es un milagro silencioso: el orden del Reino en miniatura.

La casa como trinchera del Cordero no es una fortaleza paranoica donde nadie entra. Es un lugar permeado por la presencia de Dios, donde se discierne la cultura sin tragársela cruda. Una hemeroteca familiar donde se compara lo que dicen las noticias con lo que dice la Palabra. Una mesa donde se puede hablar de política, redes, sexualidad, futuro, pero con la Biblia abierta y el corazón dispuesto a escuchar. No se trata de militarizar la sala, sino de santificarla: que las conversaciones tengan la cruz como referencia, no el algoritmo.

En términos prácticos, eso significa tomar decisiones incómodas. Apagar la televisión a la hora de la cena, aunque haya partido. Dejar los celulares en otra habitación durante media hora al día para orar y hablar. Revisar juntos qué consumen los hijos en internet, no como policías histéricos, sino como pastores responsables. Aceptar que habrá conflictos, ojos en blanco, silencios tensos. Pero entender que cada minuto invertido ahí es un muro más en la defensa espiritual de la familia.

También significa sanar historias. Muchos padres intentan implantar disciplina del Reino con heridas del pasado sin tratar. Eso produce legalismos, explosiones o abandonos. La terapia familiar en tiempos de bestia incluye confesión: "hijo, me equivoqué; reaccioné desde mi miedo, no desde el amor de Cristo". Incluye perdón: "papá, te rencoré por años; hoy decido perdonarte porque he sido perdonado". Incluye restauración de roles: esposos que dejan de competir por poder y empiezan a cooperar bajo el Señorío de Cristo; madres que dejan de cargar toda la carga espiritual solas y exigen que el marido tome su lugar sacerdotal en el hogar.

La bestia no sabe qué hacer con escenas así. Entiende de números, de masas, de estadísticas; no entiende de lágrimas reconciliadas. Sabe manejar votos, no sabe manejar rodillas dobladas en una sala. Puede predecir compras, no puede predecir que una familia empiece a interceder por sus vecinos. Cada vez que una casa se convierte en altar, el mapa del control total sufre una grieta invisible. Y cuando muchas casas lo hacen, el sistema comienza a tambalear sin saber qué está ocurriendo.

La trinchera del Cordero no es solo defensiva, es misionera. Una familia que se ama en Cristo se vuelve señal escatológica: anticipo visible del Reino venidero. En un mundo de divorcios exprés, hogares donde se persevera en gracia apuntan a un Rey que no abandona su pacto. En una cultura que idolatra la auto–realización, padres que se sacrifican por el bien espiritual de sus hijos anuncian al Dios que no escatimó ni a su propio Hijo. En una época donde ser cristiano se volverá cada vez más costoso, hogares que siguen diciendo "yo y mi casa serviremos a Jehová" serán faros para otros que todavía caminan en tinieblas.

Si lees estas líneas y sientes que tu familia está lejos de ese cuadro, no te condenes: empieza donde estás. Quizás eres el único creyente en casa; tu trinchera será tu habitación y tu testimonio paciente. Quizás tu matrimonio está quebrado; tu trinchera será tu decisión de buscar ayuda, de perdonar, de no rendirte. Quizás tus hijos ya están grandes y lejos; tu trinchera serán tus rodillas y tus llamadas sinceras. La gracia de Dios no necesita casas perfectas para comenzar a obrar; le basta con corazones que digan: "Señor, aquí está mi desastre. Haz de esto un altar".

Y si aún no conoces personalmente al Cordero que da sentido a todo esto, escucha: Jesús no es el amuleto de familias religiosas; es el Salvador de pecadores reales. Él vino al mundo, vivió sin pecado, murió en una cruz por nuestras culpas, resucitó al tercer día y hoy ofrece perdón y nueva vida a todo el que cree. Cuando Él entra en una vida, comienza también a entrar en una casa. Donde antes reinaban gritos, egoísmos y silencios, empieza a escucharse otra voz: la del Pastor que restaura el alma.

Entrégale tu vida hoy. Dile con palabras sencillas: "Señor Jesús, reconozco que he pecado, que he querido gobernar mi casa y mi destino sin Ti. Creo que moriste por mí y resucitaste. Te pido perdón y te recibo como mi Señor y Salvador. Toma mi vida, toma mi hogar y haz de nosotros una trinchera tuya en estos tiempos de bestia". Esa oración, hecha de corazón, vale más que todos los seguros del mundo. Porque la familia que se refugia en el Cordero puede enfrentar cualquier decreto, cualquier sistema, cualquier control total. Y aunque tiemble la tierra, sabrá que su fundamento está en la Roca que no se mueve.

## CAPÍTULO 5

# EL PROFETA DEL DRAGÓN

El Apocalipsis revela no solo a la bestia que gobierna con fuerza, sino también al falso profeta que seduce con espectáculo. El dragón necesita propaganda, y el falso profeta es su ministro de culto: fabrica señales, promete sentido y arma liturgias. Si la bestia administra el miedo, el falso profeta administra el deseo. Y entre ambos, montan un culto completo: temor para someter, deseo para fidelizar. El sistema total no se sostiene con leyes únicamente; necesita adoración. Por eso el profeta del dragón no hace política en primer término: hace religión sin Dios, con símbolos vaciados y esperanzas en cuotas.

Todos los imperios tuvieron su profeta. Los de ayer eran sacerdotes con pluma y tribunal; los de hoy se presentan como "expertos neutrales", "curadores de información", "influencers de causas nobles" o "guardianes de la integridad". No anuncian dioses antiguos, sino promesas con lenguaje científico o emocional. Pero el mecanismo es el mismo: formar conciencias conforme a un relato y administrar la culpa del que no se rinde a ese relato. El falso profeta no persigue primero con espada, sino con prestigio: te condecora si repites, te ridiculiza si te apartas.

La Escritura nos advierte que hará "grandes señales", de modo que a muchos engañará. Señales no es solamente milagros; también son resultados que parecen incuestionables, consensos fabricados, gráficos que desarman la duda, titulares que se acumulan hasta parecer verdad. Esas señales ordenan el espacio público, crean héroes y villanos, reparten palmas y castigos. El que no se arrodilla a tiempo pierde acceso, el que lo hace gana visibilidad. La mentira mejor asentada no es la que suena absurda, sino la que se repite desde muchos altares de pantalla.

¿Cuál es el antídoto? La iglesia no compite con el espectáculo; persevera en la verdad. El cristiano no necesita fabricar señales; vive de la señal que el Padre ya dio: un sepulcro vacío y un Cristo vivo. Esa señal reordena todas las demás. Y desde ahí, la iglesia aprende a hablar, a escuchar y a discernir sin miedo escénico. No busca el aplauso de la plaza, sino la aprobación del Señor. No se entrega a la agenda del día, sino al consejo de Dios para cada día.

El profeta del dragón promete pertenencia si repites su credo público. El Cordero ofrece comunión si abrazas su cruz. El primero exige una liturgia incesante de autoafirmación, likes y consignas; el segundo te llama a negarte a ti mismo, a cargar tu cruz y a seguirle. El primero te premia si te indigna lo que te ordena indignarte; el segundo te enseña a llorar por el pecado y a amar a tus enemigos. El primero necesita espectadores leales; el segundo hace discípulos obedientes.

Hay señales que la iglesia no hará: no manipulará emociones para ganar almas, no falseará datos para sumar adeptos, no adornará el evangelio para que parezca más digerible. Cuando Cristo rechazó tirarse del pináculo, nos mostró la ruta: no se adora con show, se adora con obediencia. Cuando rechazó transformar piedras en pan por capricho, nos recordó que la Palabra basta. Cuando rechazó postrarse ante el príncipe de este mundo a cambio de todos los reinos, nos enseñó que el precio del atajo es la pérdida del alma.

El profeta del dragón inventa causas infinitas para entretener conciencias cansadas. La iglesia predica un único evangelio que salva. Aquel multiplica hashtags; ésta multiplica mesas y bautismos. Aquel fabrica escándalos semanales para que nunca analices lo importante; ésta insiste en lo que permanece: fe, esperanza y amor. Aquel te da identidad de tribu para que odies a la otra tribu; ésta te recuerda que "de toda tribu, lengua, pueblo y nación" fueron comprados por la sangre del Cordero.

No es fácil resistir al profeta que viste bien, habla con brillo y cita a todos los expertos del día. Por eso el creyente necesita hábitos que apaguen el hechizo: lectura silenciosa de la Biblia, oración sin música de fondo, amistad cristiana que soporte verdades duras, servicio concreto que discipline el ego. Cada uno de esos hábitos rompe un eslabón del encanto. Quien aprende a disfrutar el secreto con el Padre puede vivir sin el aplauso público, y quien vive sin el aplauso público puede decir la verdad cuando el aplauso exige silencio.

La iglesia no debe despreciar los medios de comunicación ni demonizar la técnica. Debe discernir espíritus. Hay tecnologías que sirven a la verdad y hay tecnologías que colonizan el alma. Hay palabras que edifican y palabras que hacen espectáculo de la religión. El criterio no es el brillo del formato, sino la fidelidad al mensaje. "Probad los espíritus si son de Dios", escribió Juan. El espíritu del falso profeta se reconoce porque desplaza a Cristo del centro y pone en su lugar una causa que, aunque parezca noble, exige tu adoración total.

El profeta del dragón no solo habla; también calla. Define aquello de lo que no se debe hablar, y enseña a sus fieles a considerar "tóxica" cualquier conversación que cuestione su relato. La verdad deja de ser un camino compartido para ser una herramienta de exclusión. La iglesia responde con paciencia: no cancela al que discute; lo escucha, lo corrige con mansedumbre, lo ama. La verdad sin amor es un martillo; el amor sin verdad es espuma. El evangelio, en cambio, hace crecer la verdad en amor.

Si te preguntas cómo se ve hoy el profeta del dragón, no pienses primero en un mago con capa, sino en un editor de noticias que decide tu dieta emocional, en un curador de contenidos que te enseña qué indignación es moralmente correcta, en un analista que vende certezas de oferta. A veces lleva sotana secular, otras usa bata de laboratorio, otras viste el traje del humorista. Da lo mismo: su tarea es construir altares donde Cristo no reine, organizar procesiones donde la cruz sea un accesorio y levantar templos donde la gloria se la repartan entre ellos.

Y, sin embargo, en medio de la plaza abarrotada, una iglesia pequeña canta salmos, parte pan y confiesa pecados. No parece mucho. Pero ese pequeño culto al Cordero derrumba en silencio los grandes escenarios del dragón. El show pide fans; el Reino hace hermanos. El show necesita trending; el Reino necesita fieles. El show teme el olvido; el Reino sabe esperar.

El día en que el profeta del dragón reclame tu asentimiento público, recuerda que ya hiciste una confesión más alta en las aguas: "Jesucristo es el Señor". Esa es la declaración que hace temblar a los imperios y ridiculiza las credenciales del falso profeta. Esa es la diferencia entre adorar al sistema o seguir al Cordero.

## ATERRIZAJE ESCATOLÓGICO

La Escritura dibuja una escena inquietante: una segunda bestia que ejerce toda la autoridad de la primera, hace señales, seduce a los moradores de la tierra y los empuja a adorar la imagen del primer monstruo. No gobierna ejércitos; gobierna imaginarios. No manda tanques; manda relatos. Por eso, cuando hoy vemos una generación que ya no pregunta qué es verdad, sino qué está bien visto, entendemos que el terreno está abonado para el profeta del dragón. El corazón que vive de aprobación pública ya tiene tatuada en la conciencia la mitad de la marca.

Las campañas coordinadas, las indignaciones en serie, los linchamientos digitales, las narrativas que cambian de un mes a otro sin rubor son ensayo general para el día en que la fidelidad al Cordero se convierta en disidencia penalizada. El falso profeta de Apocalipsis no necesita inventar desde cero el teatro; solo tendrá que amplificar lo que hoy ya se practica en versión beta: causas sin cruz, moralidades de moda, liturgias de pantalla donde se aplaude lo que Dios abomina y se aborrece lo que Dios honra. Será, en palabras llanas, el maestro de ceremonias de la última idolatría global.

Mientras tanto, el Cordero sigue formando hombres y mujeres que no se dejan catequizar por la plaza. Mentes que saben escuchar noticias sin entregar el juicio, jóvenes que pueden admirar talentos sin canonizar pecados, iglesias que usan medios sin prostituir el mensaje. Cada vez que eliges decir la verdad cuando tu círculo espera una consigna, resistes al profeta del dragón. Cada vez que te niegas a compartir una mentira solo porque favorece tu tribu, rompes un ladrillo del altar mediático. Cada vez que prefieres el silencio de la oración al ruido del escándalo, le cierras la puerta al espectáculo religioso que el dragón quisiera ver también dentro de la iglesia.

La hora final no sorprenderá a una generación neutral, sino a una humanidad ya entrenada en seguir voces. La pregunta no será si la gente seguirá a alguien, sino a quién. Por eso, la fidelidad cotidiana a la voz del Pastor ahora es entrenamiento para no doblar la rodilla cuando la voz del profeta del dragón exija un gesto público de lealtad. Lo que hoy parece asunto interno —discernir espíritus, probar mensajes, filtrar causas—

mañana será la diferencia entre confesar a Cristo o diluirlo en un ecumenismo sin cruz.

Cuando llegue el día en que la adoración al sistema se convierta en requisito para "pertenecer", habrá quienes ya no puedan imaginarse fuera del aplauso. Y habrá otros, quizá invisibles hoy, que han aprendido a vivir sin fans porque han vivido a la sombra del Cordero. Esos, que no entraron en la competencia de likes, estarán en mejor posición para perderlo todo sin perder el alma. El profeta del dragón reclamará escenario; el remanente escogerá altar. Y en ese contraste se jugará buena parte del último tramo de la historia.

## CAPÍTULO 6

# LA SOCIOLOGÍA DEL CONTROL

El faraón de Egipto miró el crecimiento de Israel con ojos de temor y dijo a su pueblo: "He aquí, el pueblo de los hijos de Israel es mayor y más fuerte que nosotros. Seamos sabios para con él, para que no se multiplique; y acontezca que viniendo guerra, él también se una a nuestros enemigos" (Éxodo 1:9-10). A partir de esas palabras comenzó la esclavitud de una nación. No fue primero el látigo ni las cadenas, sino el discurso. El control empezó en la mente colectiva, fabricando la idea de que los hebreos eran una amenaza. La estrategia fue clara: etiquetar al otro como peligro y justificar la opresión como medida de seguridad.

Así ha funcionado siempre el control sociológico. Roma llamaba Pax Romana a lo que era sumisión forzada. Prometía paz y carreteras, pero detrás de esa fachada había impuestos abusivos, crucifixiones públicas y el aplauso obligado al César. Los imperios saben que no basta con la espada; necesitan convencer a los pueblos de que su propia esclavitud es un privilegio.

En la modernidad, las dictaduras perfeccionaron el arte. Los regímenes nazis, comunistas y fascistas no se sostuvieron solo con policías secretos, sino con propaganda constante. Cada cartel, cada discurso, cada canción repetía la misma idea hasta que el pueblo la creyó. El miedo fue el ingrediente inicial, la comodidad el refuerzo. Una masa asustada acepta cualquier cadena si promete seguridad. Una masa entretenida olvida cualquier cadena si promete comodidad.

Hoy vivimos bajo formas nuevas del mismo control. La propaganda ya no se distribuye en pancartas, sino en algoritmos que seleccionan lo que vemos en las pantallas. La vigilancia no requiere espías en la esquina, porque el ciudadano mismo entrega sus datos voluntariamente. La obediencia no se impone con tanques, sino con narrativas repetidas hasta la saciedad en redes, noticieros y series. El sistema controla no solo lo que haces, sino lo que piensas que debes hacer.

La psicología moderna mostró en experimentos como los de Stanley Milgram que la mayoría de las personas obedece órdenes de autoridad incluso si sabe que están mal. El sociólogo Gustave Le Bon explicó cómo las masas piensan distinto a los individuos: son más emocionales, más manipulables. El dragón lo sabe y la bestia lo aprovecha. No necesita convencer a cada individuo, basta con moldear la masa. Una mentira repetida mil veces se convierte en verdad social.

El Apocalipsis retrata a Babilonia ebria con la sangre de los santos, sentada sobre muchas aguas, símbolo de pueblos y naciones. Esa embriaguez no se logra solo con violencia, sino con seducción. Babilonia enamora a los reyes de la tierra con su lujo y embriaga a las multitudes con sus encantos. El control sociológico no necesita siempre represión; muchas veces basta con anestesia. El entretenimiento es opio más efectivo que la amenaza.

En Estados Unidos, las encuestas se convierten en oráculos que dictan lo que la gente debe creer. En República Dominicana, los subsidios económicos hacen que comunidades enteras dependan de la dádiva estatal y aplaudan gobiernos corruptos porque "por lo menos dan algo". El control se ejerce no solo con miedo, sino con pan y circo. El que tiene hambre se conforma con un plato; el que está entretenido no nota que está preso.

Frente a esto, la Biblia da otra visión. Pablo le dijo a Timoteo: "Dios no nos ha dado espíritu de cobardía, sino de poder, de amor y de dominio propio" (2 Timoteo 1:7). El dominio propio rompe la manipulación porque devuelve la mente a la sobriedad. La iglesia primitiva resistió porque no aceptó el discurso oficial; confesaban a Cristo como Señor, aunque eso les costara la vida. La diferencia entre masa cautiva y remanente libre está en el discernimiento espiritual.

La hora undécima exige despertar de la anestesia colectiva. No basta con quejarse del sistema; hay que resistir su narrativa. No basta con no repetir eslóganes; hay que proclamar la Palabra. No basta con evitar cadenas visibles; hay que rechazar cadenas invisibles. El mundo seguirá construyendo su sociología del control, pero el pueblo de Dios seguirá afirmando que la única obediencia absoluta pertenece al Cordero. Y esa confesión es la verdadera libertad en medio de la opresión.

## ATERRIZAJE ESCATOLÓGICO

Los profetas no solo anunciaron juicios; describieron climas. Hablaron de pueblos embriagados por Babilonia, de naciones seducidas por su lujo, de reyes que se prostituían con sus encantos. Esa embriaguez no era solo moral; era sociológica. Multitudes enteras aceptando estructuras injustas como si fueran inevitables, aplaudiendo acuerdos de muerte como si fueran alta diplomacia. Cuando Apocalipsis muestra a la gran ramera sentada sobre muchas aguas —pueblos, muchedumbres, naciones y lenguas—, está resumiendo siglos de entrenamiento colectivo para llamar bien al mal y progreso a la esclavitud.

La sociología del control prepara el último acto del drama. Antes de que exista un decreto global que condicione compra y venta, tiene que existir una humanidad acostumbrada a la idea de que el Estado, el mercado o la corporación tienen derecho a decidirlo todo. Antes de que se hable de una marca que habilita la vida económica, ya hay generaciones que han entregado su libertad a cambio de seguridades mínimas, aceptando sin chistar que quien les da el pan tiene derecho a moldearles la conciencia.

El "nadie podrá comprar ni vender" solo cuaja en sociedades que hace tiempo aprendieron a obedecer al miedo estadístico y a la encuesta moral. Por eso, cuando hoy vemos pueblos que renuncian gustosos a libertades esenciales a cambio de promesas de estabilidad, estamos oliendo anticipos de Babel en modo avanzado. Cuando se aplauden leyes que vigilan más que protegen, cuando se justifican censuras "por el bien común", cuando se demoniza a minorías que cuestionan el relato hegemónico, estamos viendo, en pequeño, la coreografía que un día se bailará en gran escala. la bestia no tendrá que inventar una humanidad dócil; la recibirá ya domesticada por décadas de propaganda, incentivos y miedos.

La buena noticia es que Dios siempre se reserva un pueblo que no se bebe la copa completa. Siempre hay un remanente que vive "en el mundo, pero no es del mundo". Sociológicamente parecerán marginales; escatológicamente serán estratégicos. No encajan del todo en ninguna tribu ideológica, porque su lealtad última no es a la derecha ni a la izquierda, sino al trono del Cordero. Pagan impuestos, pero no venden su conciencia. Trabajan, pero no adoran su trabajo. Aprecian la seguridad, pero no sacrifican la verdad en su altar. Esa rareza sociológica será, en la hora final, el núcleo humano desde el que Dios dará testimonio en medio del colapso.

Cada vez que la iglesia enseña a discernir discursos, a desconfiar de las soluciones mágicas, a ver los ídolos detrás de las estadísticas, está haciendo escatología práctica. Cada vez que se acompaña al pobre sin idolatrar al Estado, que se agradece la medicina sin endiosar al experto, que se defiende la justicia sin consagrar al partido, se está evitando que el pueblo de Dios se diluya en la masa. En un mundo que se deja llevar como rebaño por el miedo, el discípulo que aprende a escuchar primero al Buen Pastor será una anomalía peligrosa para el proyecto de control total.

Cuando suenen de verdad las trompetas del final, la diferencia entre "la multitud de las aguas" y "la multitud vestida de blanco" no será solo teológica, será sociológica: una masa que se dejó moldear por la bestia y un pueblo que dejó que el Espíritu formara otro tipo de humanidad. Y en ese choque se revelará quién vivió para agradar a la estadística y quién vivió para agradar al Cordero.

## CAPÍTULO 7

# EL 666 Y LA FÁBRICA DE NÚMEROS

El Apocalipsis describe con sobriedad uno de los símbolos más inquietantes de toda la Escritura: "Aquí hay sabiduría. El que tiene entendimiento, cuente el número de la bestia, pues es número de hombre. Y su número es seiscientos sesenta y seis" (Apocalipsis 13:18). El texto no invita a la curiosidad morbosa ni al cálculo esotérico, sino al discernimiento espiritual. La clave no está en la superstición, sino en la sabiduría.

Para los primeros lectores, el 666 tenía un referente inmediato. En la práctica judía de la gematría, las letras equivalían a números, y al transcribir el nombre "Nerón César" al hebreo, la suma era exactamente 666. Juan hablaba en clave, mostrando que detrás del imperio opresor se escondía la soberbia humana en su máxima expresión. Pero al decir que era "número de hombre" no lo reduce a un emperador particular. Lo universaliza: cada sistema humano que se endiosa repite ese patrón. El seis en la Biblia representa al hombre, creado en el sexto día, pero también incompleto, siempre un paso antes del siete, que es plenitud divina. El triple seis es la multiplicación de esa incompletud, la caricatura insistente del hombre que quiere ser Dios, pero nunca lo logra.

La Biblia ya había señalado la soberbia humana con el número seis. Goliat medía seis codos y un palmo, su lanza pesaba seiscientos siclos, y uno de sus descendientes tenía seis dedos en cada mano y pie. La exageración numérica subrayaba la arrogancia del enemigo de Israel. Nabucodonosor levantó una estatua de sesenta codos de altura por seis de ancho, ordenando adoración universal. El seis repetido es la señal de la soberbia humana que exige lo que solo pertenece a Dios. El Apocalipsis no inventa el símbolo; recoge el eco de toda la Escritura.

En la historia, los imperios han usado los números para dominar. Roma censaba a sus ciudadanos no solo para cobrar impuestos, sino para reafirmar quién pertenecía y quién quedaba fuera. Los reyes medievales hipotecaban sus tronos con deudas contadas en oro y plata. Los regímenes modernos usaron estadísticas para controlar pueblos enteros. El nazismo clasificó seres humanos en números tatuados en brazos. El comunismo soviético convirtió millones de vidas en simples cifras de producción. En todos los casos, el hombre reducido a número perdió su dignidad.

La modernidad no ha roto esa lógica, solo la ha perfeccionado. Hoy los números deciden quién es confiable y quién no. Un puntaje de crédito abre o cierra puertas en la sociedad. Un algoritmo decide qué contenido consumes. Las encuestas fabrican consensos que moldean elecciones políticas. La popularidad se mide en seguidores y "likes". El ser humano ha aceptado ser cifra: cliente, usuario, contribuyente, votante. El 666 se cumple cuando la persona deja de ser imagen de Dios para convertirse en dato estadístico.

La psicología de masas confirma que la gente cree más en números que en principios. "Las encuestas dicen" se convierte en dogma, aunque los números estén manipulados. Lo que importa no es la verdad, sino la cantidad. La repetición numérica sustituye la convicción moral. Es la fábrica de números en acción: millones obedecen porque creen que todos obedecen.

Pero frente al 666 se alza el 777, símbolo de la plenitud divina. Siete días de la creación, siete sellos, siete trompetas, siete espíritus ante el trono. Donde el seis es incompleto, el siete es perfecto. Donde el hombre multiplica su fracaso, Dios consuma su victoria. Si el 666 cuenta esclavos, el 777 cuenta hijos. Si el 666 se repite hasta el cansancio, el 777 reposa en la eternidad.

La hora undécima nos coloca frente a esa decisión. ¿Serás parte de la multitud que confía en números, que vive obsesionada con métricas, que se deja definir por estadísticas? ¿O serás parte del pueblo sellado con nombre, no con número? El mundo dirá que vales lo que produces, lo que consumes, lo que debes. Cristo dice que vales su sangre, su cruz y su resurrección. El mundo marcará frentes con cifras; el Cordero inscribirá nombres en el libro de la vida.

El 666 terminará en fracaso, porque ninguna obra humana alcanza la plenitud. El 777 ya venció, porque en Cristo todo se consumó. Por eso, en medio de un mundo obsesionado con estadísticas, el creyente afirma: no soy número, soy hijo. No sigo la voz del dragón, sigo al Cordero. Y esa confesión es la única que rompe la fábrica de números de la bestia.

## ATERRIZAJE ESCATOLÓGICO

El texto bíblico habla de un momento donde la identidad económica y social quedará condicionada a una marca: número de hombre, cifra de sistema, tatuaje legalizado de pertenencia. No es poesía oscura; es anuncio sobrio. Para llegar ahí no basta un líder carismático; hace falta una cultura que adore los números y una humanidad dispuesta a dejarse medir en todo. Cuando la vida se reduce a puntajes —crédito, reputación, impacto, visibilidad—, el número se convierte en sacramento laico. El 666 no entra como susto, entra como lógica que ya parecía razonable.

Mientras más se digitalizan los intercambios, más fácil es convertir una conciencia en casilla dentro de una base de datos. La comodidad de pagar rápido, la tentación de recibir beneficios a cambio de información, el orgullo de mostrar buen perfil frente al sistema, todo eso entrena para el día en que ciertos accesos solo estarán disponibles para quienes "se ajusten" al estándar. La Escritura no nos manda a vivir paranoicos, pero sí a sospechar cuando la dignidad empieza a definirse por lo que produces o consumes. El 666 se asoma cada vez que alguien vale menos porque no entra en la estadística deseada.

El pueblo de Dios está llamado a otra contabilidad. El cielo no pregunta cuántos seguidores tienes, sino de quién eres seguidor. No registra tu historia como historial de compras, sino como historia de obediencias y resistencias. Donde el sistema pide que te presentes como número, Cristo te presenta por nombre. En el momento en que haya que elegir, no resistirán los más informados sobre teorías de conspiración, sino los que ya han aprendido a vivir como hijos y no como cifras. El corazón que se sabe amado por el Cordero no se arrodilla ante la calculadora de la bestia. Eso significa que cada acto presente de rebeldía santa contra la tiranía de los números es preparación escatológica. Cuando decides trabajar con excelencia aunque nadie lo mida, estás diciendo que la estadística no es tu dios. Cuando haces el bien a quien no puede devolverte nada, rompes el circuito de la economía del rendimiento. Cuando predicas a Cristo aunque eso no sume popularidad, confiesas que tu identidad está atada a la cruz, no a la gráfica. El día que se condicione seriamente la vida diaria a un sistema de puntuaciones que implique negar a Cristo, el corazón que ya se entrenó en esta economía del Reino estará mejor preparado para perderlo todo sin perder lo único que importa.

## LECTURA CONJUNTA:
## CORAZONES, CASAS, MASAS Y NÚMEROS

Mirados juntos, estos trazos dibujan más que doctrina; dibujan un mapa del alma en los tiempos finales. Un corazón que quiere trono (Cap. 2), una casa que puede ser taller del Reino o sucursal del sistema (Cap. 4), un profeta del dragón que orquesta significados desde las pantallas (Cap. 5), una sociología del control que administra miedos y deseos colectivos (Cap. 6) y una fábrica de números que traduce personas en cifras utilizables (Cap. 7). Es la misma patología desplegada en distintos niveles: el yo hipertrofiado, la familia fatigada, la plaza hechizada, la masa domesticada, el número entronizado.

Desde la psiquiatría, se podría hablar de una humanidad con rasgos de trastorno obsesivo de control, ansiedad generalizada y dependencia afectiva de la aprobación. Personas incapaces de tolerar la incertidumbre, que prefieren una esclavitud estable a una libertad responsable. Voluntades entrenadas para cambiar de opinión según el clima emocional del grupo. Egocentrismos frágiles que necesitan constantemente que el sistema les devuelva un reflejo, aunque sea distorsionado. El proyecto de control total se alimenta de esas fragilidades: mentes cansadas, afectos desordenados, historias familiares rotas que buscan refugio en cualquier estructura que prometa seguridad, aunque cobre la conciencia como entrada.

Antropológicamente, la escena muestra a un ser humano que ha olvidado su vocación de imagen y mayordomo para convertirse en consumidor y engranaje. La casa deja de ser santuario y se vuelve simple estación de recarga para seguir produciendo. La plaza deja de ser lugar de encuentro y se convierte en escenario para performances identitarios. Las instituciones, en vez de servir a la persona, le exigen adoración. El sujeto moderno parece libre, pero vive atado a rutinas que él no diseñó, a relatos que él no examinó, a métricas que él no escogió. Es la versión posmoderna del viejo grito de Babel: "hagámonos un nombre", solo que ahora el nombre viene en forma de usuario y contraseña.

Lo escatológico, leído así, no es solo calendario futuro, es diagnóstico profundo de lo que ya somos sin Cristo. El anticristo no aparecerá en un terreno neutral; será la cristalización de una humanidad que hace siglos practica la autoidolatría en todas sus escalas. El falso profeta no tendrá que inventar el espectáculo; solo lo consagrará. La marca no será un truco de última hora; coronará estilos de vida que ya habían entregado el yo, la casa, la mente y el bolsillo al altar equivocado. Por eso la respuesta de Dios no es únicamente desmontar sistemas; es rehacer personas.

El Evangelio entra justo por las grietas que el control total necesita explotar: la vergüenza, el miedo, la culpa, la soledad, el hambre de sentido. No promete más anestesia; ofrece nueva vida. No alimenta el corazón controlador; lo crucifica con Cristo. No entretiene la mente cautiva; la ilumina con verdad que a veces incomoda. No se deja usar como sedante de la masa; llama a la conversión uno por uno, nombre por nombre. Y, sobre todo, no reduce al hombre a número; lo injerta en un cuerpo donde cada miembro es indispensable y recibe un lugar único.

Cuando estos capítulos se leen en conjunto, aparece una pregunta que no se responde con gráficos, sino con rodillas: ¿qué tipo de humanidad estás dejando que el Espíritu forme en ti? Porque la batalla final, con toda su carga geopolítica y tecnológica, sigue pasando por ahí: un corazón que renuncia al trono, una casa que levanta altar, una mente que se deja renovar, una comunidad que resiste la masa, una iglesia que se niega a tratar a sus hijos como números. Ese tejido humano, pequeño a los ojos del mundo, será uno de los milagros más notables de la hora última: hombres y mujeres con rostro en medio de un siglo que insiste en desfigurarlos.

## CAPÍTULO 8

# EL CORDERO QUE VENCE

En el centro del Apocalipsis no está la bestia, ni el dragón, ni Babilonia. Está el Cordero. Juan, en medio de sus visiones, llora porque nadie es digno de abrir el libro y desatar sus sellos. Y entonces uno de los ancianos le dice: "No llores. He aquí que el León de la tribu de Judá, la raíz de David ha vencido para abrir el libro y desatar sus siete sellos" (Apocalipsis 5:5). Pero cuando Juan levanta la vista, no ve un león rugiente, sino un Cordero como inmolado. El misterio de la victoria cristiana es este: vence el que parece derrotado, reina el que fue sacrificado.

El Cordero es la clave de toda la Escritura. En Egipto, la sangre del cordero pascual libró a Israel de la muerte. En el desierto, un cordero sustituyó al hijo de Abraham en el altar. En el templo, los sacrificios diarios recordaban que sin derramamiento de sangre no hay perdón. Juan el Bautista, al ver a Jesús, no lo presentó como rabino, rey o guerrero, sino como "el Cordero de Dios que quita el pecado del mundo". La historia bíblica preparaba el escenario para mostrar que la victoria de Dios se revela en debilidad aparente.

Ahí se rompe la lógica religiosa de todos los sistemas de control. Los imperios ofrecen salvación a cambio de rendimiento: paga impuestos, jura lealtad, repite el eslogan, sacrifica al disidente y el sistema te dará seguridad. El Cordero no entra en ese trueque. No pide primero tu desempeño para luego ver si eres aceptable; se entrega por enemigos, derrama sangre por culpables, abraza leprosos que no tienen con qué pagar. Donde la bestia construye tronos sobre cadáveres, el Cordero construye un Reino sobre su propia muerte.

Los imperios han buscado vencer con espadas, ejércitos y riquezas. Egipto confió en sus carros, Asiria en su brutalidad, Babilonia en su lujo, Roma en sus legiones. Todos terminaron en ruinas. El Cordero, en cambio, vence entregándose. Su trono es la cruz, su corona es de espinas, su ejército son mártires que no amaron sus vidas hasta la muerte. La lógica del cielo subvierte la lógica de la tierra: el que se humilla es exaltado, el que muere por Cristo vive para siempre, el que parece perder en este siglo hereda el venidero.

Eso no es poesía piadosa para colgar en una pared; es criterio político y espiritual para la hora final. Cuando el sistema proponga pactos de silencio, fidelidades torcidas o lealtades absolutas al Estado, la iglesia no resiste inventando su propia brutalidad, sino encarnando la mansedumbre del Cordero. La bestia entiende de amenazas; no sabe qué hacer con un pueblo que está dispuesto a perder privilegios, comodidad y reputación con tal de no negar a su Señor. El control total se alimenta de gente aterrada; se debilita cuando encuentra discípulos que ya murieron con Cristo.

El Apocalipsis pinta escenas grandiosas de esa victoria. Una multitud incontable, de toda lengua, pueblo y nación, viste ropas blancas y canta: "La salvación pertenece a nuestro Dios que está sentado en el trono, y al Cordero". Los ángeles se postran, los ancianos adoran, las naciones tiemblan. La bestia sube del mar, pero el Cordero está en el monte de Sion con los redimidos. Babilonia embriaga a los reyes, pero el Cordero guía a los suyos a fuentes de aguas de vida. El contraste es absoluto: el sistema del mundo devora; el Cordero alimenta.

El libro muestra también a los "vencedores": no son héroes tipo Hollywood, son creyentes que vencen "por medio de la sangre del Cordero y de la palabra de su testimonio, y menospreciaron sus vidas hasta la muerte". La estrategia del Cordero es desconcertante para cualquier tiranía: un pueblo que ya fue perdonado, que ya sabe que la muerte no tiene la última palabra y que se niega a vender su conciencia por estabilidad temporal. Esa combinación hace ingobernables, a largo plazo, a los santos por cualquier sistema que pretenda control absoluto.

La sociología del poder explica que los sistemas humanos se sostienen con violencia, propaganda y miedo. El Cordero introduce un poder distinto: la gracia. Donde el dragón somete con terror, Cristo atrae con amor. Donde la bestia marca con número, Cristo sella con Espíritu. Donde Babilonia seduce con lujos, Cristo conquista con servicio. El mundo cree que la historia la escriben los vencedores, pero el cielo afirma que la historia la consuma el Vencedor que parecía vencido.

Eso tiene consecuencias muy concretas para la iglesia en la hora undécima. Una comunidad que adore al Cordero sin dejarse comprar por la fama, sin dejarse domesticar por el aplauso político ni por el mercado religioso, se convierte en un problema para cualquier proyecto de control. Iglesias que no venden el púlpito al mejor postor, que no convierten la adoración en espectáculo, que no reducen el evangelio a autoayuda motivacional, están encarnando la resistencia más profunda: proclamar que solo el Cordero es digno.

La psicología también encuentra aquí una lección profunda. El ser humano, desgastado por competir y aparentar, encuentra descanso en un Salvador que no exige méritos, sino entrega. La cruz revela que la verdadera fuerza no está en aplastar al otro, sino en dar la vida por él. La mente que acepta al Cordero es liberada de la ansiedad del rendimiento, porque ya no vive para ganar aprobación, sino en la certeza de haber sido amada hasta la sangre. La autoestima frágil, que se alimenta de "likes" y elogios, se reemplaza por una identidad arraigada en una frase sencilla y escandalosa: "me amó y se entregó a sí mismo por mí".

Desde la economía del Reino, el Cordero también desarma la lógica de control. Babilonia trabaja con deuda, consumo y codicia; mantiene a las personas atadas a deseos que nunca se sacian. El Cordero, en cambio, enseña a orar "danos hoy el pan de cada día" y a vivir contentos con sustento y abrigo. Allí donde Cristo gobierna el bolsillo, los números pierden su derecho a definir valor. Allí donde Cristo gobierna el tiempo, la productividad deja de ser el ídolo que exige sacrificios de familia y de conciencia. Un hombre que aprende a dar con generosidad y a vivir con sencillez se vuelve mal cliente del sistema y buen testigo del Reino.

El capítulo final del Apocalipsis muestra la victoria consumada: "Vi el cielo nuevo y la tierra nueva; porque el primer cielo y la primera tierra pasaron… Y oí una gran voz del cielo que decía: He aquí el tabernáculo de Dios con los hombres". El Cordero no solo vence a la bestia; inaugura una creación renovada. Allí no habrá llanto, ni dolor, ni muerte, porque el Cordero será la luz de la ciudad. Lo que comenzó con un altar de sacrificio termina con un trono de gloria. La historia no se cierra con el dragón imponiendo su proyecto, sino con Cristo haciendo nuevas todas las cosas.

La hora undécima es, por tanto, tiempo de decidir de qué lado estamos. La bestia promete poder, pero termina en ruina. El dragón promete reinos, pero será encadenado. Babilonia promete placeres, pero será reducida a cenizas. Solo el Cordero vence, y su victoria es segura. La invitación no es a resistir con nuestras fuerzas, sino a seguir al que ya venció. Aún en la tribulación, aún en la persecución, aún en el martirio, la confesión de la iglesia sigue siendo la misma: "¡Digno es el Cordero que fue inmolado de tomar el poder, las riquezas, la sabiduría, la fortaleza, la honra, la gloria y la alabanza!".

Al final, no gana el más fuerte, sino el más fiel. No triunfa el que oprime, sino el que sirve. No reina el dragón, sino el Cordero. Y esa es la esperanza que sostiene al creyente en la hora más oscura: saber que el mal tiene fecha de caducidad, pero el Cordero reina para siempre.

## ATERRIZAJE ESCATOLÓGICO

El corazón se desgasta cuando solo ve dragones y bestias. Hay creyentes que conocen con lujo de detalles los cuadros del anticristo, los pactos y las cronologías, pero han perdido de vista al Cordero. Entonces la escatología, en vez de esperanza, se vuelve vértigo. El libro que comenzó como revelación de Jesucristo termina siendo tratado como catálogo de monstruos. Ese desorden no es inocente: un pueblo obsesionado con el mal que viene se olvida del Bien que ya venció y comienza a leer el futuro como si el Cordero fuera un personaje secundario en una historia que Él mismo escribió.

En la hora final, la diferencia no estará solo en quién interpreta mejor las señales, sino en quién ha aprendido a fijar la mirada en el centro correcto. El sistema podrá rugir, los decretos podrán estrechar la vida, las persecuciones podrán multiplicarse, pero el cielo seguirá cantando la misma canción: "Digno es el Cordero". Solo el corazón que se ha acostumbrado a sintonizar ese canto ahora soportará el ruido del último tramo sin enloquecer. El creyente que aprendió a adorar cuando todo estaba en calma estará mejor entrenado para adorar cuando todo tiemble.

La Escritura deja claro que la batalla final no será solo choque de bloques geopolíticos, sino crisis de verdad. Antes de que exista una marca visible en frente o mano, ya hay una marca invisible en la mente: formas de pensar que han aprendido a llamar luz a la oscuridad y cadenas a la libertad del evangelio. El "dios de este siglo" no comienza estampando sellos en la piel, sino cegando entendimientos para que no resplandezca la gloria de Cristo. Una generación entrenada a pensar sin Dios será presa fácil cuando el sistema pida lealtad total disfrazada de normalidad.

Por eso, llenar la cabeza de Biblia hoy no es lujo devocional, es defensa escatológica. Cada vez que filtras una noticia a la luz de la Palabra, entrenas para no tragarte la mentira final. Cada vez que te niegas a llamar bien a lo que Dios llama mal —aunque lo firme la mayoría, el gobierno o la academia—, vacunas tu mente contra el engaño del postrer impostor. La verdadera preparación para los días de la marca no consiste en almacenar teorías, sino en dejar que el Espíritu renueve el entendimiento hasta que pensar bíblicamente se vuelva reflejo y adorar al Cordero sea costumbre, no eslogan.

Vendrá un día en que la línea entre seguir al Cordero y seguir al sistema será visible hasta para quienes hoy no quieren pensar en eso. Habrá costo real: trabajo, reputación, libertad, quizá vida. En esa encrucijada, no bastará haber aplaudido al Cordero de lejos; hará falta haberle pertenecido de cerca. Los que hayan aprendido a confiar en su victoria ahora —en pequeñas renuncias, en obediencias discretas, en fidelidades que nadie ve— podrán decir frente al rugido final: "Este Cordero ya venció por mí; no necesito negociar con tu miedo".

Y si hoy todavía vives corriendo detrás de sistemas que prometen seguridad a cambio de tu conciencia, esta es la hora de girar la mirada. El Cordero que fue inmolado cargó ya con tu pecado, tu orgullo y tu pánico al futuro. Resucitó para que no tengas que arrodillarte ante ninguna bestia ni vender tu alma por un poco de paz barata. Entrégale tu vida ahora, mientras la puerta sigue abierta. Cuando todo lo demás se derrumbe, solo quedará en pie el trono del Cordero. Y los que estén con Él no habrán perdido nada de lo que valía la pena guardar.

# CAPÍTULO 9

# LA SEMANA SETENTA Y EL PACTO CONFIRMADO

Daniel no escribió desde una torre de marfil, sino desde el polvo del exilio. Año sesenta y tantos de cautiverio babilónico; Jerusalén en ruinas; el templo, ceniza; el pueblo, disperso. Daniel 9 abre con un anciano leyendo a Jeremías y comprendiendo que los setenta años de desolación estaban por cumplirse; entonces ora con ayuno, cilicio y ceniza, confesando pecado nacional y apelando a la misericordia del Dios del pacto. Esa oración —histórica, concreta, con culpa reconocida y fidelidad divina invocada— es el escenario donde Gabriel entra "volando con presteza" para revelar no solo el fin del exilio, sino el mapa profético que corre "hasta consumarse la visión": las setenta semanas.

El texto clave lo conocemos, pero conviene oírlo dentro del rumor de esa sala de oración:

"Setenta semanas están determinadas sobre tu pueblo y sobre tu santa ciudad para poner fin a la transgresión, para sellar el pecado, para expiar la iniquidad, para traer justicia perdurable…" (Dn 9:24).

No habla de alegorías nebulosas, sino de acciones redentivas puntuales, y especifica el sujeto: "tu pueblo" (Israel) y "tu santa ciudad" (Jerusalén).

La profecía se estructura como 70 "sietes" (heptadas), que en el contexto hebreo pueden ser sietes de días o de años; aquí, por el alcance histórico y la referencia inmediata a reconstrucción urbana, la lectura de semanas de años ha sido tradicional en judíos y cristianos. Siete por setenta: 490 años en tres bloques: 7+62+1.

Gabriel fija el punto de partida:

"Desde la salida de la orden para restaurar y edificar a Jerusalén hasta el Mesías Príncipe, habrá siete semanas y sesenta y dos semanas" (9:25).

En la historia hubo varios edictos persas: Ciro (538 a.C.) autoriza volver y reconstruir el templo (Esdras 1); Darío confirma (Esdras 6); Artajerjes concede a Esdras (457 a.C.) autoridad para la Ley; y Artajerjes autoriza a Nehemías (Nehemías 2) a reconstruir la ciudad y sus muros. Por eso muchos intérpretes toman Nehemías 2 como el arranque específico de "restaurar y edificar Jerusalén". El propio verso subraya que sería "en tiempos angustiosos", descripción que calza con la reconstrucción entre amenazas, armas y paletas (Neh 4).

Entre ese decreto y "Mesías Príncipe", el texto suma 7+62 = 69 semanas, y a renglón seguido anuncia lo inaceptable para toda lógica política:

"después··· será quitado el Mesías y no será" (9:26).

La unción llega, pero en vez de coronación hay corte; en vez de triunfo, muerte. Allí confluye la precisión profética con la paradoja del Evangelio: el Mesías aparece en la historia, es rechazado y "cortado", y aun así expía (9:24) y trae justicia. Distintas escuelas han propuesto cálculos que ubican esos 69 "sietes" en la entrada mesiánica de Jesús y su muerte; otras lecturas los entienden de modo más tipológico, pero el corazón del pasaje permanece: la venida y muerte del Mesías dentro del marco determinado por Dios.

Queda entonces una semana pendiente, separada del bloque 7+62 por dos acontecimientos devastadores: la muerte del Mesías y la destrucción de ciudad y santuario por "el pueblo de un príncipe que ha de venir" (9:26), eco transparente de la catástrofe del año 70 d.C. a manos de Roma. Aquí se abre la bifurcación interpretativa que atraviesa siglos: el preterismo tiende a agotar el cumplimiento en el primero siglo; el historicismo ve una continuidad a lo largo de la era cristiana; el futurismo entiende que, tras el rechazo del Mesías y la desolación, el reloj de Israel se detiene y se reanuda en una última semana literal de siete años por venir.
¿Qué une a las tres escuelas serias?: todas reconocen que Daniel 9 conecta la obra del Mesías con un clímax de juicio, ciudad y templo en la mira, y un cierre que todavía proyecta hacia el final.

Entramos ahora en el versículo que tantos ven como bisagra escatológica:

"Por otra semana confirmará el pacto con muchos; a la mitad de la semana hará cesar el sacrificio y la ofrenda; después con la muchedumbre de las abominaciones vendrá el desolador…" (9:27).

Dos notas exegéticas aquí importan muchísimo.

La primera es el verbo: "confirmará" (hebr. gabar berit), fortalecer, hacer firme un pacto; no necesariamente firmar uno nuevo, sino robustecer algo que ya existe. Esa precisión ha sido subrayada muchas veces: "no dice firmará, dice confirmará". ¿Qué implica? Que el personaje de 9:27 —vinculado al "príncipe que ha de venir"— consolida un arreglo multilateral "con muchos" (no solo Israel), que otorga a la ciudad un margen de operación que incluye culto y sacrificio.

Ese clima de "vivir confiadamente" aparece también en la escena de Ezequiel 38, cuando Gog sube contra un pueblo "que habita seguro" y sin murallas; no son pasajes idénticos, pero la rima temática es clara: paz aparente como antesala del asalto.

La segunda nota es el hachazo cronológico: "a la mitad de la semana" (tres años y medio) ese mismo personaje hace cesar sacrificio y ofrenda y coloca "la abominación desoladora". Jesús recoge esa expresión en Mateo 24:15 y la proyecta hacia delante, más allá de Antíoco IV, confirmando que el tipo histórico (la profanación de Antíoco) apunta a un clímax futuro: un evento en Jerusalén que desata tribulación "cual no la ha habido". Pablo hablará del "hombre de pecado" sentado en el templo de Dios (2 Tesalonicenses 2), y Apocalipsis articulará 42 meses/1.260 días como módulo de esa segunda mitad.

El tejido intertextual es robusto: mitad de la semana = punto de quiebre, cese del culto, profanación máxima, persecución.

Ahora bien, ¿qué hay del "pacto con muchos" en clave contemporánea? La sobriedad pastoral exige dos cautelas.
• La primera: no convertir titulares en cumplimiento automático; la Biblia no necesita muletas.
• La segunda: no por eso negar que la arquitectura del mundo va encajando piezas que antes parecían imposibles: normalizaciones regionales, foros multilaterales, acuerdos de seguridad compartida, lenguaje de "paz y seguridad", presión global coordinada. Varios analistas han sugerido que acuerdos previos en Medio Oriente fungen como plataformas que un líder futuro "confirmará/fortalecerá".

No se afirman fechas ni nombres; se afirma un patrón: un arreglo ya existente llevado a rango vinculante con potencia nunca vista, y Jerusalén en el centro del tablero.

Además, hay un ángulo que muchos pasan por alto: la expectativa islámica del Mahdí.

La literatura escatológica musulmana (con su diversidad interna) perfila una figura de unificador que impone ley y conquista. ¿Podría un líder así ser percibido por el mundo árabe como garante de un pacto regional, y por Israel como el único con músculo suficiente para contener amenazas y habilitar arreglos como culto, accesos o incluso —según algunas lecturas— condiciones para un tercer templo?

La Biblia no usa el nombre "Mahdí", pero sí advierte de un falso salvador de alcance global, con señales, seducción y potestad política. La hipótesis —manejada por distintos autores— de que el mundo religioso musulmán acoja a su esperado, mientras el mundo secular lo aplaude como estadista, calza inquietantemente con el perfil del anticristo: no solo contra Cristo, sino en lugar de Cristo, usurpando su lugar.

En este punto conviene traer Isaías 28:15: "Hemos hecho pacto con la muerte, e hicimos convenio con el Seol… cuando pasare el turbión del azote no nos alcanzará". Los profetas denunciaron ese falso refugio: alianzas "realistas" que pretenden esquivar el juicio sin Dios. Muchos intérpretes ven aquí un principio que culmina en el pacto de Daniel 9:27: un acuerdo de supervivencia presentado como genialidad diplomática, pero que Dios llama convenio con el Seol. La paz que excluye al Príncipe de Paz no es paz, es anestesia previa a la cirugía.

¿Qué sucede "a la mitad de la semana"? El texto no deja margen: traición. "Hará cesar el sacrificio y la ofrenda" y colocará lo abominable donde solo debe estar la santidad. Jesús advierte: cuando vean eso, huyan. Apocalipsis mostrará a Israel perseguido, a los santos vencidos por un tiempo, y a la bestia ejerciendo control económico ("comprar y vender"), político y cultural. Ese quiebre en el minuto 3,5 expone el corazón del líder global: el "garante" se revela como verdugo; el "confirmador" como profano; el "hombre de paz" como hombre de pecado.

La observación sobre el Monte del Templo y la Cúpula de la Roca toca un nervio urbano-teológico. La Escritura vincula la "abominación desoladora" con lugar santo; Jesús habla de "estar en el lugar santo" (Mt 24:15). Cómo se habiliten condiciones arquitectónicas o rituales pertenece a la providencia y al laberinto político del día final; lo que Daniel exige es discernir el signo: interrupción del culto y profanación dentro del marco de ese pacto quebrado. Si antes hubo "vivir confiado", después habrá asedio. Zacarías 12–14 anticipa a Jerusalén "copa que hará temblar", "piedra pesada a todas las naciones", ejércitos alrededor y una intervención divina que culmina con Israel mirando al que traspasaron.

Surge inevitable la pregunta pastoral que inquieta a millones: ¿cuándo empieza esa semana setenta?

Daniel 9:27 liga el inicio no al arrebatamiento de la Iglesia (doctrina debatida en familias evangélicas), sino a la confirmación del pacto con muchos. Ese es el disparo de salida profético. Sobre el destino de la Iglesia respecto a la tribulación, buenos exégetas sostienen visiones pre-, meso- y post-tribulacionales; lo que no cambia es el llamado a velar y ser fieles. Si la Iglesia observa desde el cielo o resiste desde la tierra, la preparación es la misma: santidad, sobriedad, discernimiento, amor. Jesús no ordenó mirar relojes, sino aceptar lámparas.

Y ahora, el cierre que no se puede omitir. Daniel 9 no es un calendario frío; es evangelio profético. Las setenta semanas no nacen en cálculo (ni aunque uses Excel), nacen en oración de arrepentimiento. El Mesías no aparece para inaugurar un think tank, sino para ser cortado y expiar. El pacto que el mundo confirmará para sobrevivir será traición; el Pacto que Dios confirmó en la sangre de su Hijo es salvación. La ciudad será sacudida;

el Santísimo será ungido. La bestia sellará frentes con número; el Cordero sellará corazones con Espíritu. Por eso, aun cuando el mapa geopolítico nos quite el aliento, la teología bíblica nos devuelve el pulso: todo fue parte del plan de Dios para que Cristo sea exhibido como Señor de la historia y Salvador de pecadores.

Cuando llegue el hombre que confirme el pacto, muchos dirán "al fin, paz". El profeta responderá: "si no está Cristo en medio, es pacto con la muerte". Cuando a la mitad de la semana cese el sacrificio, muchos dirán "se acabó la fe". El cielo contestará: "el único sacrificio que cuenta ya se ofreció". Cuando las naciones rodeen Jerusalén, muchos dirán "no hay salida". El que se sienta en los cielos se reirá, porque ya determinó el fin desde el principio.

Así que no tiene sentido jugar a poner nombres en 9:27; tiene sentido poner rodillas en 9:4–19, donde Daniel confesó y Dios respondió. No correr detrás de cada titular, sino correr detrás del Cordero. No comprar refugios sin Cristo, sino refugiarse en Cristo. Porque, cuando la tinta de los pactos humanos se corra con la primera lluvia, la sangre del Pacto eterno seguirá fresca, suficiente y victoriosa. Y los que no lleven la marca de la bestia sí llevarán el sello del Dios vivo. Esa es la única confirmación que importa.

## ATERRIZAJE ESCATOLÓGICO

La tentación con Daniel 9 ha sido siempre la misma: convertir las semanas en pasatiempo de calculadora y olvidar que nacen de una oración de rodillas. Unos han usado el pasaje para fijar fechas y vender cronogramas apocalípticos; otros, cansados de esos abusos, lo han arrinconado como si fuese un jeroglífico imposible. Ambas actitudes se pierden el corazón del texto: Dios marca la historia, no para satisfacer la curiosidad del hombre, sino para consolar al remanente que se atreve a confesar su pecado y a confiar en su pacto. Las setenta semanas son menos un sudoku profético que un certificado de dominio: el tiempo no pertenece ni a Nabucodonosor, ni a Roma, ni al "príncipe que ha de venir"; pertenece al Dios que envió al Mesías a ser cortado y que ha fijado un límite al misterio de iniquidad.

En la práctica, esto significa que el creyente de la hora undécima no vive colgado de titulares, sino colgado de promesas. Puede ver moverse el tablero de Medio Oriente, las alianzas estratégicas, los discursos de "paz y seguridad", el surgimiento de figuras carismáticas con aura de salvadores regionales o globales, y aun así no entrar en histeria profética. Sabe que todo lo que se acerque a la lógica de un pacto global que margine al verdadero Mesías se parece al escenario de Daniel, pero recuerda al mismo tiempo que Dios ya mostró el desenlace: el Mesías no será reemplazado por ningún Mahdí, ningún líder ilustrado, ningún tecnócrata de consenso. Todos ellos son notas al pie; el texto principal sigue siendo Cristo.

El reloj de las setenta semanas también desenmascara la ilusión de neutralidad espiritual en la geopolítica. No hay pactos "limpios" cuando se hace teología sin Dios. Todo acuerdo que prometa resolver el conflicto de Jerusalén sin pasar por el Príncipe de Paz, tarde o temprano, tendrá aroma de pacto con la muerte. No porque todo intento diplomático sea demoníaco, sino porque, en última instancia, la ciudad donde crucificaron al Señor no encontrará verdadera paz hasta que lo reconozca a Él. La agenda del cielo no se ajusta a los mapas de las cancillerías; las cancillerías terminarán, sin quererlo, cumpliendo la agenda del cielo.

Para el discípulo, la preparación que surge de Daniel 9 no consiste en adivinar la fecha de arranque de la semana setenta, sino en aprender la espiritualidad de Daniel: Biblia abierta, rodillas dobladas, confesión honesta, esperanza firme. El hombre que ora como en 9:4–19 estará mejor preparado para cualquier 9:27 que le toque vivir. No se deslumbrará con falsos mesías porque ya se acostumbró a mirar al verdadero; no venderá su conciencia por seguridad porque ya entendió que seguridad sin Dios es espejismo; no confundirá la aparente pausa de juicio con cancelación de juicio, porque sabe que el reloj de Dios nunca se atrasa, aunque el mundo lo declare obsoleto.

Si alguien vive hoy con miedo a "lo que viene" y Daniel 9 le ha producido más ansiedad que consuelo, necesita volver a la escena original: un anciano quebrantado, una ciudad destruida, un pueblo culpable, un Dios que responde hablando de Mesías, expiación y justicia perdurable. Ahí está el centro. No se le llama a entender cada milímetro del calendario, sino a abrazar al Cristo que está en medio de ese calendario. No se le llama a competir con expertos en geopolítica, sino a ser testigo de Aquel que será reconocido al final por Israel y por las naciones. El reloj profético no es una amenaza para el que se ha refugiado en Cristo; es más bien la confirmación de que el tiempo de la gracia tiene un límite… y que aún hoy, mientras se dice "hoy", hay oportunidad de volverse al Señor antes de que empiece el último tramo del cronómetro.

CAPÍTULO 10

# EL RELOJ PROFÉTICO DE DIOS Y LA ILUSIÓN DE CONTROL HUMANO

Desde los albores de la historia, el hombre ha intentado controlar su destino y el de los demás. La narrativa bíblica no se limita a mostrarnos la historia de un pueblo escogido; es un espejo de las intenciones humanas y de la soberbia colectiva que, una y otra vez, tropieza con el mismo obstáculo: el tiempo y los límites impuestos por Dios. Ese tiempo, invisible e indetenible, es lo que la Escritura llama el "reloj profético de Dios", un compás que los imperios pueden ignorar, pero nunca alterar.

La historia arranca en la llanura de Sinar, donde un grupo de hombres y mujeres, unidos por una sola lengua y un solo propósito, decidieron levantar una torre cuya cúspide llegara al cielo (Génesis 11:1–9). Babel no fue solo una obra de ingeniería; fue el primer proyecto de globalización humana bajo la bandera de la autosuficiencia. Allí el hombre no buscó glorificar a Dios, sino "hacerse un nombre". El ladrillo y la argamasa eran simples herramientas, pero la verdadera construcción era ideológica: una sociedad cimentada en la arrogancia. Dios descendió, confundió las lenguas y dispersó a los pueblos. Lo que parecía invencible se derrumbó sin que se lanzara una sola piedra.

Aquí comienza el patrón: el hombre busca controlar, Dios desbarata. Psicología pura: el ego colectivo no tolera límites. Sociología evidente: el afán de uniformidad sin Dios termina en caos. Antropología básica: el ser humano busca eternidad en sus obras, aunque sus días estén contados. Exégesis clara: Babel fue menos un edificio y más un símbolo del hombre que intenta forjar su propio reloj sin mirar el calendario divino.

No pasó mucho tiempo para que otro imperio encarnara el mismo espíritu: Egipto. ¿Por qué hablar de Egipto y no de Asiria en este punto? Porque Egipto fue el primer modelo totalitario que Israel conoció de cerca, el horno de hierro donde nacieron como nación (Deuteronomio 4:20). Allí, la ambición de poder se mezcló con la obsesión por la inmortalidad. Los faraones construyeron pirámides para eternizarse, levantaron monumentos para perpetuar su gloria y esclavizaron a pueblos enteros para sostener su sistema.

El faraón del Éxodo no solo fue un rey testarudo; fue la personificación del corazón humano endurecido frente a las advertencias de Dios (Éxodo 7–12). Aquí, la antropología explica la relación amo–esclavo como base de todo imperio; la sociología señala cómo un sistema opulento se sostiene sobre el sufrimiento de muchos; y la psicología retrata al déspota que, cegado por su propio poder, no ve venir la ruina. El mar Rojo fue su Waterloo, y Egipto quedó marcado no por sus victorias, sino por la memoria de un ejército sepultado bajo las aguas.

Pero la lección que Israel debió aprender de Egipto se diluyó con el tiempo. La soberbia no respeta memoria histórica. Tras la muerte de Salomón, su hijo Roboam encarnó la necedad de un gobernante incapaz de escuchar consejo (1 Reyes 12). Su dureza provocó la ruptura: el reino se dividió en dos, Israel al norte y Judá al sur. Aquí la Biblia nos muestra cómo una mala decisión política puede fracturar una nación entera.

El Reino del Norte, con capital en Samaria, fue una colección de reyes idólatras que nunca levantaron altares al Dios verdadero. Desde Jeroboam hasta Oseas, todos anduvieron en el pecado, todos sostuvieron becerros de oro y todos imitaron a las naciones vecinas. La exégesis de 2 Reyes 17 es un epitafio demoledor: no quedó rey que hiciera lo recto ante Jehová. Antropológicamente, Israel se diluyó en el sincretismo; sociológicamente, perdió cohesión como pueblo; psicológicamente, vivió bajo la ilusión de que mezclar un poco de Jehová con mucho de Baal aseguraría estabilidad. Pero esa mezcla solo preparó su desaparición. Asiria llegó con brutalidad quirúrgica, deportó a las diez tribus y las hizo desaparecer en el polvo de la historia. Fueron los primeros en desaparecer porque nunca hubo un liderazgo que glorificara a Dios, y cuando el alma de un pueblo muere, su cuerpo político no tarda en caer.

El Reino del Sur, Judá, tuvo un destino más largo, pero no menos trágico. Allí se levantaron algunos reyes fieles como Ezequías y Josías, quienes devolvieron por momentos la esperanza de un pueblo que coqueteaba con la idolatría. Pero la mayoría de sus líderes cayó en el mismo ciclo: corrupción, arrogancia, violencia. Jeremías, el profeta que lloró Jerusalén, denunció una y otra vez que confiar en "el templo de Jehová" como amuleto sin obediencia era autoengaño (Jeremías 7). Psicología: la ilusión religiosa que confunde símbolo con sustancia. Sociología: un liderazgo espiritual podrido arrastra a la nación entera al abismo. En el 586 a.C., Nabucodonosor arrasó con Jerusalén y se llevó cautivo al pueblo. Otra torre de Babel, otro Egipto, otra ilusión rota.

Lo que vemos en todo este recorrido es un patrón cíclico y universal: imperios que se creen eternos, pueblos que olvidan a Dios, líderes que se endiosan, sociedades que se corrompen, y finalmente, el juicio que los barre. Desde Babel hasta Babilonia, la ilusión de control humano es la misma. Y, sin embargo, detrás de cada caída hay un mismo reloj que no se atrasa ni se adelanta: el reloj profético de Dios.

Ese reloj se deja ver en los libros de Daniel y Apocalipsis. Daniel vio desfilar bestias que representaban imperios: Babilonia, Medo-Persia, Grecia, Roma. Todos cayeron, todos cumplieron su turno, ninguno pudo detener el tiempo. Apocalipsis nos muestra que esa cadena de bestias se alarga hasta un último intento global de control, un último "Babel" moderno, donde el poder político, económico y religioso se unifica para gobernar al mundo. La historia humana no es lineal, es cíclica: cada nuevo imperio es un eco de la misma soberbia que comenzó en Sinar.

Y aquí está la gran lección: mientras los hombres se obsesionan con levantar torres, Dios marca las horas. Mientras los faraones levantan pirámides, Dios sopla y los mares se cierran. Mientras los reyes se dividen y conspiran, Dios decide cuándo cae Samaria y cuándo Jerusalén. El hombre sueña con eternidad en esta tierra, pero el reloj profético le recuerda que su tiempo es prestado.

Este capítulo no es solo arqueología bíblica; es advertencia contemporánea. Hoy, como ayer, potencias orientales y occidentales sueñan con controlar al planeta. Hoy, como ayer, la soberbia humana se reviste de tecnologías, monedas digitales y discursos de unidad global. Hoy, como ayer, el hombre dice "hagámonos un nombre", pero pronto el cielo responderá con su propio decreto: "Hasta aquí llegó tu tiempo".

Los siglos recientes no han cambiado el patrón, solo lo han sofisticado. El reloj profético sigue marcando las horas mientras las potencias ensayan nuevas formas de control. El absolutismo monárquico juraba que el rey gobernaba "por derecho divino"; las revoluciones prometieron libertad, igualdad y fraternidad, pero muchas veces terminaron levantando nuevos ídolos con otros nombres. El siglo XX vistió el control con uniformes marrones y rojos: nazismo, comunismo, fascismo. Millones murieron en nombre de proyectos que se presentaban como inevitables, científicos, históricos. Detrás de cada consigna se repetía el eco de Babel: "Vamos a organizarnos sin Dios, y esta vez sí nos saldrá bien." El reloj de Dios marcó dos guerras mundiales, el derrumbe de muros y la caída de regímenes que parecían eternos. Ninguno pudo detener el paso de la hora señalada.

El siglo XXI heredó la ambición, pero cambió el lenguaje. El control ya no se presenta como tiranía, sino como servicio. No se habla de sometimiento, sino de "seguridad", "salud pública", "bien común", "combate al discurso de odio", "protección del planeta", "estabilidad financiera". El vocabulario se volvió más fino, pero el impulso es el mismo: concentrar poder en pocas manos para gestionar la vida de muchos. La torre ya no se levanta con ladrillos visibles, sino con códigos, chips y datos. El reloj profético sigue corriendo mientras las pantallas convencen a una generación entera de que el futuro depende de la próxima actualización tecnológica, no del decreto de un Dios soberano.

En el área económica, el control se disfraza de prudencia y modernización. Bancos centrales deciden tasas que afectan el pan diario de naciones; organismos multilaterales definen políticas que condicionan presupuestos enteros; deudas soberanas atan gobiernos por décadas. Las monedas digitales estatales prometen fluidez, pero abren la puerta a conocer, vigilar y eventualmente condicionar cada transacción. La narrativa es siempre amable: eficiencia, lucha contra la evasión, inclusión financiera. Pero el patrón bíblico invita a hacer una pregunta incómoda: ¿qué sucede cuando quien controla el flujo del dinero también pretende controlar la conciencia? El "nadie podrá comprar ni vender" de Apocalipsis no surge en el vacío; madura en un ambiente donde todo se vuelve medible, trazable y cancelable con un clic.

En el campo cultural, el reloj profético se siente en la aceleración del tiempo interior. Nunca hubo tantas herramientas para "ahorrar tiempo" y nunca hubo tantas personas viviendo agotadas, sin tiempo para nada. La sociedad promete control sobre la agenda con aplicaciones, agendas digitales y recordatorios, pero produce individuos que sienten que el día no alcanza, que corren detrás de un reloj que siempre va adelante. La Biblia llama a eso esclavitud disfrazada. El "aprovechando bien el tiempo, porque los días son malos" se ha convertido en una carrera sin meta clara, donde se confunde productividad con propósito. El reloj de Dios, en cambio, divide la vida en estaciones: día aceptable, tiempo de gracia, hora de arrepentimiento, momento de juicio. Cuando el hombre ignora esas estaciones, trabaja como si fuera eterno, peca como si nunca fuera a rendir cuentas y se angustia como si todo dependiera de él.

Desde la psicología, la ilusión de control es uno de los motores más sutiles de la ansiedad moderna. El ser humano vive pegado al teléfono como quien vigila un monitor de signos vitales: noticias, notificaciones, indicadores económicos, encuestas, tendencias. Todo parece urgente, todo reclama reacción inmediata. Ese bombardeo produce la sensación de que, si dejas de mirar, el mundo se desmorona. La Escritura pone el dedo en la llaga con una pregunta de Jesús: "¿Quién de vosotros podrá, por mucho que se afane, añadir a su estatura un codo?" El reloj profético desarma la ansiedad porque recuerda que hay cosas que no se controlan: la fecha de nacimiento, la fecha de muerte, la hora del regreso de Cristo. El problema no es planificar; es creer que planificando se puede ocupar el lugar de Dios.

La sociología observa, además, cómo el control del tiempo se usa como herramienta de dominación. Hay agendas que se imponen no solo por su contenido, sino por la velocidad con que se empujan. Cambios legales apresurados, debates morales comprimidos en días, linchamientos mediáticos que exigen pronunciamientos inmediatos. El que pide tiempo para pensar es tratado como sospechoso. El reloj del sistema corre a un ritmo que impide la reflexión. En contraste, el reloj de Dios parece lento a los ojos del impaciente: "¿Dónde está la promesa de su advenimiento?", preguntan burladores. Pero Pedro responde que el Señor no retarda su promesa, sino que es paciente, no queriendo que ninguno perezca, sino que todos procedan al arrepentimiento. El tiempo que el sistema usa para acelerar, Dios lo usa para llamar.

Escatológicamente, todo este tejido apunta a un clímax. Daniel vio una estatua con cabeza de oro, pecho de plata, vientre de bronce, piernas de hierro y pies mezclados de hierro y barro. Vio también una piedra cortada, no con mano, que golpeaba la estatua en los pies y la desmenuzaba. Esa piedra, figura del Reino de Dios, no pidió turno en la agenda de los imperios; cayó en el momento fijado por el cielo. Apocalipsis retoma la imagen con otras figuras: sellos que se abren a su tiempo, trompetas que suenan cuando corresponde, copas que se derraman en la plenitud de la iniquidad. El reloj profético no está colgado en la pared de la ONU ni en el despacho de ninguna potencia; late en la voluntad de un Dios que ha fijado un día en que juzgará al mundo con justicia por aquel varón a quien designó, dando fe a todos con haberle levantado de los muertos.

Desde la antropología bíblica, el reloj profético revela quién manda realmente en la historia. El hombre moderno se percibe como autor de su destino; diseña proyectos de vida, escribe planes de nación, redacta tratados internacionales. Sin embargo, la Biblia insiste en una frase que atraviesa los siglos: "Mas el consejo de Jehová permanecerá para siempre". No significa que todo lo que los hombres hacen sea voluntad de Dios; significa que ni siquiera los desvaríos de los imperios pueden frustrar el plan final. Babilonia, Medo-Persia, Grecia, Roma, las potencias de turno y las alianzas futuras caben todas dentro del margen de una frase: "hasta que se cumplan las palabras de Dios". Eso humilla la soberbia humana, pero consuela al remanente que teme quedar aplastado entre engranajes geopolíticos.

Pastoralmente, el reloj profético de Dios desmonta dos extremos peligrosos. Por un lado, la obsesión por controlar: creyentes que quieren tener respuesta para cada detalle, cronogramas cerrados, teorías donde nada se les escape. Por otro lado, la indiferencia frívola: "eso no importa", "Dios sabe", "yo solo vivo el día a día" como coartada para no vigilar ni obedecer. La Escritura no invita ni al control enfermizo ni al abandono irresponsable; llama a discernir los tiempos sin pretender manejarlos. Jesús lloró sobre Jerusalén porque no conoció "el tiempo de su visitación"; Pablo habló del "tiempo aceptable" y del "día de salvación"; el autor de Hebreos repite que, mientras se dice "hoy", no se endurezca el corazón. El reloj de Dios marca un "hoy" de gracia que no será eterno.

Para el discípulo en tiempos de control total, la pregunta no es si puede dominar los relojes del mundo, sino si ha alineado su corazón con el reloj del cielo. La agenda del Reino siempre ha sido sencilla y exigente a la vez: arrepentimiento, fe, santidad, misión. Un creyente puede vivir entre algoritmos, monedas digitales, vigilancia y polarización sin perder la paz si sabe que el reloj que importa no se atrasa ni se detiene. Cada día que amanece sin que el Hijo del Hombre aparezca en las nubes es un día extra de misericordia para anunciar el evangelio, enderezar caminos, perdonar ofensas, ordenar casas, romper acuerdos con el pecado y decirle al Señor: "Enséñanos de tal modo a contar nuestros días, que traigamos al corazón sabiduría."

## ATERRIZAJE ESCATOLÓGICO

Cuando se mira la historia desde la ventana del noticiero, parece que el tiempo lo dictan las cumbres internacionales, las elecciones, las crisis financieras y las guerras. Cuando se mira desde Daniel y Apocalipsis, se descubre otra cosa: el tiempo lo dicta un Dios que no pierde el pulso, aunque los imperios entren en taquicardia. La ilusión de control humano se manifiesta en frases como "la ciencia tiene la respuesta", "el mercado se autorregula", "el Estado te protegerá", "la tecnología nos salvará". El reloj profético responde con una verdad incómoda: ni la ciencia, ni el mercado, ni el Estado, ni la tecnología pueden retrasar un solo segundo el día en que Cristo será públicamente reconocido como Señor de señores y Rey de reyes.

Eso tiene consecuencias concretas para quien vive en la hora undécima. Si el tiempo de la historia está en manos de Dios, entonces el uso que cada uno hace de su tiempo personal es un acto de adoración o de rebeldía. No se trata solo de "estar informado" sobre los movimientos del mundo, sino de estar transformado por la voluntad de Dios mientras el mundo se mueve. Un corazón que entiende el reloj profético deja de negociar con el pecado como si hubiera margen infinito; sabe que la paciencia de Dios es grande, pero no es ilimitada. Deja de postergar decisiones espirituales ("cuando me jubile", "cuando los niños crezcan", "cuando pase esta temporada") y empieza a vivir como quien ha escuchado: "Hoy, si oyereis su voz, no endurezcáis vuestros corazones."

Al mismo tiempo, el reloj de Dios libera del pánico apocalíptico. No hace falta entrar en histerias cada vez que aparece una noticia que se parece a una profecía. No hace falta caer en la trampa de quienes venden fechas, códigos secretos y revelaciones exclusivas. La Biblia ya dejó claro lo suficiente: habrá una consumación, habrá una manifestación del hombre de pecado, habrá una última estructura de control que exigirá lealtad total; pero antes y por encima de todo eso hay un Cordero que ya fue inmolado y que ya está sentado en el trono. El tiempo camina hacia Él, no hacia la bestia. El reloj profético no es un juguete para curiosos; es una campana de gracia que llama a volver al centro: Jesucristo.

Si todavía lees estas líneas viviendo como si tu tiempo fuera tuyo, el reloj profético te contradice. Tus años, tus días, tus oportunidades, tu capacidad de arrepentirte, todo eso es prestado. Hay un momento en que la puerta se cierra, no porque Dios sea caprichoso, sino porque la historia tiene una meta y no dará vueltas infinitas. Ese día, la ilusión de control humano quedará desenmascarada: los que confiaron en sus sistemas verán que sus relojes se detuvieron; los que se refugiaron en Cristo descubrirán que entraron en un tiempo sin ocaso.

Por eso, el llamado no es a adivinar la fecha del último tictac, sino a reconciliarse hoy con Aquel que sostiene el reloj en la mano. Ese Aquel es Jesús, el Hijo de Dios, que vino en el tiempo señalado, vivió sin pecado, murió en una cruz por nuestros pecados y resucitó al tercer día. Él fue "cortado" en el centro de la historia para abrir un camino de perdón antes del cierre definitivo. Su sangre es el único seguro válido cuando el calendario de la humanidad llegue a su última hoja. No hay vacuna tecnológica contra el juicio, no hay refugio financiero contra la ira justa de Dios; hay, sí, un refugio perfecto en la persona de Cristo.

Si sabes que has vivido como dueño de tu tiempo, de tus planes y de tu futuro, este es el momento de rendirte al Dueño verdadero. Ahí donde estás, puedes hablarle con palabras sencillas, pero sinceras: "Señor Jesús, reconozco que he querido controlar mi vida sin Ti. He pecado, he ignorado tu voz, he usado el tiempo que me diste para construir mis propias torres. Creo que moriste por mí y resucitaste. Te pido perdón. Te entrego mi vida, mi hoy y mi mañana. Ponme en tu reloj, hazme vivir para Tu voluntad y no para mis ilusiones de control."

En nuestros días, la ilusión de control no se expresa solo en palacios y parlamentos, sino bajo tierra. Mientras el ciudadano medio discute en redes sociales si el fin del mundo es exageración, la élite global firma cheques para construir sus propios "arcas de Noé" blindadas. Búnkers de lujo en Europa del Este, ciudades subterráneas en Rusia, túneles que conectan centros de poder con refugios privados, murallas subterráneas chinas que parecen una nueva "Gran Muralla" bajo tierra y, como joya del cinismo, una isla remota convertida en refugio VIP para el colapso: Nueva Zelanda.

Mientras te distraen con discursos de resiliencia y campañas de "somos todos iguales", hay millonarios de Silicon Valley comprando hectáreas enteras en la isla sur, instalando complejos con búnkers de millones de dólares y pactando ciudadanías exprés en países donde han pisado menos días que tú en tu propia sala. Algunos han dicho abiertamente que, si el mundo se incendia, tomarán un jet privado y desaparecerán en su "arca" antipodal, lejos del caos que dejaron en la superficie.

La fotografía espiritual es grotesca y coherente a la vez: el mismo sistema que recalienta el planeta, manipula mercados y desbarata naciones, destina fortunas indecentes para asegurar que, si todo colapsa, ellos tengan oxígeno, agua, energía y seguridad mientras el resto hace fila para sobrevivir. Es Babel en versión de concreto armado: un pueblo confundido en la superficie y una élite que se esconde en galerías subterráneas creyendo escapar del juicio.

Lo que no entienden es que el reloj profético de Dios no reconoce búnkers ni coordenadas. El día que el Señor diga "hasta aquí", la distancia entre un barrio pobre y una mansión blindada será cero. El diluvio de Génesis no se detuvo en la puerta de ninguna torre; el fuego que Pedro anuncia no respetará los planos de ninguna ciudad enterrada. Los que hacen cálculos para salvar el cuerpo mientras olvidan el alma terminan construyendo mausoleos de lujo. "¿De qué le aprovechará al hombre, si ganare todo el mundo, y perdiere su alma?" El reloj que ellos miran es el del mercado; el reloj que Dios marca es el de la eternidad.

Quien ora así de corazón entra en otro horario: el de la gracia. Puede seguir leyendo noticias, puede estudiar profecías, puede discernir señales, pero ya no como esclavo del miedo, sino como hijo que sabe que su Padre gobierna el tiempo. Y cuando el reloj del mundo marque la hora final, estará donde debe estar: en las manos del Dios que siempre tuvo la última palabra sobre la historia… y sobre su historia.

## CAPÍTULO 11

# LOS IMPERIOS Y LA OBSESIÓN DE CONTROLAR

Desde los albores de la humanidad, el hombre ha intentado erigir sistemas de poder que lo liberen de depender de Dios. Esa pulsión por dominar al prójimo no es mero accidente histórico: es un patrón espiritual. Génesis 11 lo registra en la Torre de Babel, donde los hombres dijeron: "Hagámonos un nombre, por si fuéremos esparcidos sobre la faz de la tierra". Fue la primera agenda globalista: centralización de poder político, cultural y religioso. El altar fue reemplazado por una torre, y la adoración a Dios, por la adoración a la obra humana. Dios confundió las lenguas y dispersó a las naciones, mostrando que todo proyecto de unidad sin Él termina en caos. Babel quedó como paradigma: los hombres buscan controlar los designios de otros hombres, pero siempre bajo el espejismo de que son libres.

**Egipto: el yugo formativo**

Egipto fue el primer gran imperio con el que Israel chocó de manera existencial. Allí se convirtió en nación, no en libertad, sino bajo cadenas. ¿Por qué Egipto y no Asiria como punto de partida? Porque Egipto no solo esclavizó; moldeó la identidad de Israel. Fue el laboratorio inicial donde el pueblo de Dios aprendió lo que significa vivir bajo un faraón.

Económicamente, Egipto sostenía su poder sobre la base del Nilo y del trabajo esclavo. Graneros, ciudades-estado, monumentos y pirámides fueron levantados con sudor humano explotado. El sistema funcionaba porque convertía personas en recursos. Israel, sometido a trabajos forzados y a un control demográfico brutal (asesinato de los varones hebreos), conoció allí la cara más cruda del totalitarismo: controlar la vida desde la cuna hasta la tumba. Psicológicamente, Egipto dominaba con miedo; sociológicamente, con un sistema piramidal donde la casta dominante drenaba la fuerza de los esclavos; espiritualmente, con un panteón de dioses que legitimaban el poder del faraón como divinidad viviente.

Egipto fue la primera lección: sin intervención divina, ningún pueblo puede liberarse del yugo económico, cultural y espiritual del opresor.

## La división de Israel: el germen de la vulnerabilidad

Tras la gloria de Salomón, Roboam heredó un reino consolidado y rico. Pero su necedad lo llevó a aumentar los impuestos y a gobernar con mano dura. El resultado: la fractura nacional. Diez tribus formaron el Reino del Norte (Israel), con capital en Samaria; dos tribus quedaron en el Reino del Sur (Judá), con capital en Jerusalén.

Aquí vemos un principio económico y sociológico: cuando el poder olvida la justicia y exprime al pueblo con tributos excesivos, se siembra división. Roboam perdió más que la mitad de su reino porque no supo escuchar. El Norte se volvió pragmático, estableciendo alianzas comerciales y militares, pero perdió toda referencia espiritual: ningún rey del Norte buscó sinceramente a Dios. El Sur, en cambio, conservó la dinastía davídica y el templo, lo cual le dio cierta cohesión espiritual, pero también cayó periódicamente en corrupción.

Psicológicamente, el Norte buscaba seguridad en becerros de oro y pactos internacionales; el Sur sobrevivía porque, de tanto en tanto, surgían reyes como Ezequías y Josías que recordaban al pueblo su verdadera identidad. El pecado de Roboam no fue solo político: fue antropológico. Cuando un líder prioriza la ambición sobre la fidelidad a Dios, abre la puerta a la vulnerabilidad nacional.

### Asiria: la primera desaparición

Asiria fue el látigo de hierro. Su capital, Nínive, dominaba con una política de terror. Históricamente, los asirios perfeccionaron la práctica de la deportación: tomaban pueblos enteros, los sacaban de su tierra y los mezclaban con otros para borrarles identidad. Era una ingeniería social planificada.

Económicamente, Asiria imponía tributos altísimos a los pueblos conquistados. La amenaza era clara: "paga o muere". Sus campañas militares no solo buscaban expansión, sino riqueza. Cada guerra era un negocio: botín, esclavos, tributos, tierras fértiles. La economía de Asiria se alimentaba del sudor ajeno.

El Reino del Norte cayó en 722 a.C. y desapareció para siempre. ¿Por qué? Ningún rey del Norte buscó a Dios. Idolatría, corrupción y pragmatismo político lo dejaron sin defensa espiritual. Antropológicamente, un pueblo sin un núcleo de valores se disuelve; psicológicamente, un pueblo acostumbrado a adorar falsos dioses se acostumbra también a ser esclavo. Asiria fue cruel, sí, pero Israel había cavado su propia tumba.

### Judá y Babilonia: el exilio como terapia

El Reino del Sur resistió un siglo más, pero su destino llegó en 586 a.C., cuando Nabucodonosor arrasó Jerusalén. Babilonia no fue brutal como Asiria; se refinó en su dominación.

Su estrategia fue cultural y económica. Llevó a los jóvenes más preparados a la corte: Daniel, Ananías, Misael y Azarías. Cambió sus nombres, su dieta, su educación. Fue un intento de reprogramar su identidad, de producir "nuevos babilonios". La economía de Babilonia funcionaba como un centro comercial del mundo antiguo: rutas de caravanas, tributos de naciones conquistadas, y un sistema financiero que giraba en torno al poder central.

Psicológicamente, Babilonia ofrecía integración a cambio de renuncia espiritual. Sociológicamente, funcionaba como un imán: absorbía culturas, mezclaba dioses y neutralizaba resistencias. El exilio fue la terapia divina: cuando Judá perdió tierra, templo y rey, redescubrió que lo único que no se puede perder es la Palabra.

**Medo-Persia: tolerancia como estrategia**

En 539 a.C., Ciro conquistó Babilonia y aplicó un método distinto: control mediante concesiones. Permitió a los judíos regresar y reconstruir el templo, pero siempre bajo su sombra.

Económicamente, Persia fue un imperio de tributos ordenados. Heródoto nos cuenta que cada provincia debía pagar en especie o en oro. Persia tenía un sistema burocrático eficiente: sátrapas, correos, caminos reales. El control no era solo militar, sino logístico y fiscal. Permitían cierta libertad cultural y religiosa porque entendían que un pueblo que se siente medianamente libre produce más y paga mejor.

Persia encarna el modelo del poder que domina con guantes de seda: concede, pero no suelta. Espiritualmente, permitió sacrificios y templos, pero todo dentro de su marco político. La correa era larga, pero seguía siendo correa.

**Grecia: la seducción de la cultura**

Alejandro Magno apareció como un relámpago en la historia. En pocos años conquistó desde Grecia hasta la India. Pero su legado mayor no fueron los territorios, sino la helenización.

Económicamente, Grecia abrió rutas de comercio, impulsó ciudades-estado como centros de intercambio, y expandió una cultura urbana que seducía a otros pueblos. La moneda griega circulaba, la lengua griega se volvió franca, y la filosofía se impuso como filtro de pensamiento.

La psicología griega no aplastaba con cadenas, sino con atracción: deportes, teatros, filosofía, estética. La sociología de su imperio buscaba uniformar bajo la idea de kosmos ordenado por la razón humana. El resultado fue una dominación blanda, pero poderosa. El mismo Nuevo Testamento, siglos después, se escribiría en griego koiné, la lengua común que Alejandro dejó.

De esta matriz cultural surgiría Antíoco IV Epífanes, el tirano que llevó la helenización a un extremo de persecución contra los judíos. Prohibió la circuncisión, quemó rollos de la Ley, sacrificó cerdos en el altar del templo. Su furia fue el espejo temprano de lo que luego sería el Anticristo.

**Roma: el imperio del derecho y la cruz**

Si Grecia sedujo con ideas, Roma consolidó el control con caminos, leyes y cruces. Su grandeza no residió solo en las legiones, sino en la capacidad de organizar el mundo conocido bajo una misma red de vías, tributos y normas. La llamada "pax romana" fue paz a punta de legiones: orden garantizado mientras nadie cuestionara al César. La ciudadanía se convirtió en categoría jurídica privilegiada; el no-ciudadano era, en la práctica, material de administración imperial.

Económicamente, Roma articuló un sistema de impuestos, peajes y aranceles que convertía cada provincia en fuente de ingresos. El Mediterráneo se volvió "mare nostrum", y cada barco que cruzaba esas aguas era parte de una maquinaria que enriquecía el centro. Los publicanos no eran solo recaudadores antipáticos; eran engranajes de un modelo donde el pan y el circo servían para mantener a las masas entretenidas mientras se consolidaba el control desde arriba.

Religiosamente, Roma comenzó tolerando panteones ajenos, pero acabó reclamando algo más sutil y peligroso: culto al César como prueba de lealtad cívica. No exigía abandonar todos los dioses; exigía poner al Estado por encima de todos. Bastaba un poco de incienso, una frase corta —"César es Señor"— y el sistema se daba por satisfecho. Quien se negaba a ese rito mínimo quedaba marcado como enemigo. Así, la política se volvió liturgia civil, y la obediencia, una forma de adoración. No es casualidad que el Hijo de Dios haya sido ejecutado bajo ese imperio y en uno de sus instrumentos predilectos: la cruz, castigo público diseñado para humillar, disuadir y recordar quién mandaba de verdad.

Psicológicamente, Roma produjo una mezcla peligrosa: orgullo de ciudadanía, confianza en la superioridad cultural y temor reverente al aparato militar. Sociológicamente, generó una identidad imperial que absorbía pueblos y lenguas, pero exigía lealtad suprema al orden romano. Jurídicamente, elevó el derecho a categoría casi sagrada: lo que Roma declaraba justo se asumía como justo, aunque pisoteara la justicia de Dios. No es difícil ver en ese modelo las semillas de estructuras posteriores donde el Estado se percibe como árbitro último de lo bueno y lo malo.

### Del museo de imperios al mapa del presente

Mirados en fila, estos imperios podrían parecer un recorrido de museo: vitrinas, fechas, nombres de reyes, monedas antiguas. Pero la Escritura no los presenta como curiosidades, sino como advertencias vivas. Babel centralizó la soberbia; Egipto, la esclavitud económica; Asiria, el terror militar; Babilonia, la reprogramación cultural; Persia, el control por concesiones; Grecia, la seducción de la razón y la estética; Roma, la teología del Estado y la cruz. Distintos uniformes, mismo corazón: el hombre tratando de sentarse en el lugar de Dios.

Ese patrón no se quedó en el mundo antiguo. Hoy, los imperios ya no se llaman Babilonia ni Roma, pero levantan sus torres con otros materiales. Hay imperios financieros que mueven naciones a golpe de deuda; imperios tecnológicos que conocen hábitos, gustos y miedos mejor que las propias familias; imperios ideológicos que forman la conciencia desde las aulas y las pantallas; imperios burocráticos que dictan normas globales en nombre de la salud, el clima o la seguridad. Ninguno necesita proclamarse "imperio" para comportarse como tal: les basta con controlar el flujo del dinero, la información y el discurso moral aceptable.

La obsesión es la misma: controlar. Controlar la narrativa de la historia, controlar quién puede hablar, controlar qué se puede comprar, controlar cómo se educa a los hijos, controlar qué se puede creer en público sin perder acceso al pan. La forma moderna del látigo puede ser un algoritmo, un reglamento, una tasa de interés, un código de conducta o un "término de servicio"; el fondo sigue siendo la pretensión de administrar conciencias desde arriba.

Este capítulo, por tanto, no invita a romantizar el pasado ni a demonizar cada institución humana, sino a reconocer la lógica que los atraviesa: cuando el poder se absolutiza, inevitablemente termina jugando a ser dios. Y cada vez que un sistema humano juega a ser dios, el reloj del Dios verdadero se mueve hacia el juicio.

## ATERRIZAJE ESCATOLÓGICO

La lectura escatológica de los imperios evita dos extremos: el ingenuo y el paranoico. El ingenuo mira la historia como simple sucesión de modelos políticos y económicos, y piensa que con una reforma aquí y otra allá el problema se resuelve. El paranoico ve bestias en cada decreto y convierte cualquier autoridad en anticristo en potencia. La Biblia propone otra ruta: ver los imperios como escenarios reales, con responsabilidades reales, pero sobre todo como síntomas de una enfermedad más profunda: el corazón humano que quiere controlar sin someterse a su Creador.

Para el discípulo de Cristo, esto tiene consecuencias prácticas. Primero, no idolatra imperio alguno. Reconoce gracias comunes (orden, infraestructura, ciertos avances), pero no confunde bienestar relativo con salvación. Sabe que ni Egipto, ni Babilonia, ni Roma, ni ninguna potencia moderna pueden ofrecer lo que solo el Reino de Dios garantiza: justicia perdurable, verdad sin sombra, paz que no se compra ni se vota. Segundo, no se engaña respecto al costo de permanecer fiel. Sabe que llegará un momento, en cualquier época, en que confesar que Jesús es Señor chocará con algún "César es señor", bajo la forma que sea. Y ese choque revelará si la lealtad es evangélica o meramente cultural.

Tercero, aprende a leer el presente sin perder el pulso espiritual. Cuando ve proyectos de control económico total, narrativas que sacralizan al Estado, pedagogías que diluyen la conciencia bíblica, o tecnologías usadas para vigilar y moldear, no se sorprende ni se desmaya. Reconoce que son variaciones contemporáneas del mismo tema: imperios jugando a controlar lo que solo Dios controla. Y lejos de escapar al desierto digital o a sótanos conspirativos, se aferra más a la Palabra, a la mesa de la iglesia, a la oración y al servicio concreto. Esa es la trinchera verdadera.

Finalmente, el aterrizaje escatológico de los imperios apunta a una verdad que prepara el capítulo siguiente: si toda esta cadena histórica tiene un patrón, ese patrón desemboca en una persona. La Biblia no solo habla de sistemas; habla de un impostor final que encarnará la suma de estas pulsiones imperiales. Los imperios fueron ensayo; el Anticristo será el intento definitivo. Pero incluso ahí, el énfasis no recae en el impostor, sino en el Señor que lo desbarata con el aliento de su boca.

Si al leer la historia de los imperios descubres cuánto te seduce a ti mismo la ilusión de controlar —tu vida, tu futuro, tus seguridades—, la Escritura te llama a otra cosa: rendirte al Rey que no necesita torres, ni legiones, ni algoritmos para gobernar. Ese Rey es Jesucristo. Él se sometió al aparato de un imperio corrupto, fue clavado en una cruz romana, cargó el pecado de muchos y resucitó al tercer día. Lo que los imperios usan para intimidar, Él lo convirtió en instrumento de salvación.

Rendirse a Cristo es cambiar de imperio: pasar del reino del "yo controlo" al Reino de "hágase tu voluntad". Es reconocer que tu pasaporte, tu cuenta bancaria, tu ciudadanía terrenal y tus proyectos son provisionales, y que la única pertenencia definitiva es al Reino que no puede ser conmovido. Mientras los imperios siguen obsesionados con controlar, el creyente aprende a descansar: no porque el mundo sea seguro, sino porque su Rey es soberano.

Y con esa certeza, puede mirar de frente tanto a Egipto como a Babilonia, a Persia como a Roma, al sistema de hoy y al impostor de mañana, y decir sin soberbia, pero sin temblar: el control de los hombres es prestado; el señorío de Cristo es definitivo. De los imperios pasamos al impostor final, pero por encima de todos, permanece el Rey eterno.

# CAPÍTULO 12

# DE LOS IMPERIOS AL IMPOSTOR FINAL

La historia de los imperios no es una mera lección de arqueología. Es una radiografía del corazón humano en su empeño por controlar los designios de otros hombres. Desde la Torre de Babel hasta la helenización griega, lo que late es la misma pulsión: un poder humano que se erige como sustituto de Dios. Pero la Biblia no registra estos hechos solo como pasado, sino como tipologías que anticipan un desenlace mayor.

El profeta Daniel, deportado a Babilonia, fue testigo de esa tensión. Él vivió en carne propia lo que significa ser absorbido por un imperio que buscaba borrar identidad y reprogramar cultura. Pero en medio de ese trauma, Dios le mostró que los reinos de este mundo no eran permanentes. La estatua de Nabucodonosor (Dn 2) revelaba la sucesión de metales: oro, plata, bronce, hierro y barro. Era la lección divina de que todos los imperios humanos, por sólidos que parecieran, estaban destinados a ser derribados por una piedra no cortada con mano humana: el Reino de Dios.

Cuando Daniel recibió la visión de las bestias (Dn 7), el mensaje fue aún más gráfico. Babilonia apareció como león, Persia como oso, Grecia como leopardo y Roma como bestia indescriptible. Cada animal representaba no solo un poder político, sino un instinto psicológico: depredación, voracidad, velocidad, brutalidad. El mensaje era claro: los imperios no son neutros; son bestias que devoran pueblos y buscan usurpar lo sagrado.

En ese marco aparece Antíoco Epífanes como "cuerno pequeño" (Dn 8). Su persecución contra los judíos no fue casualidad, sino prefiguración. Antíoco encarna lo que todos los imperios hacen en distinto grado: profanar lo santo, subyugar lo espiritual, sustituir la adoración a Dios por la obediencia al poder humano. Su intento de eliminar la circuncisión y sacrificar cerdos en el altar fue más que una ofensa cultural: fue un ensayo general del espíritu anticristiano.

Aquí la profecía da un giro. Lo que Daniel ve en Antíoco no se agota en él. Como dos montañas en el horizonte, un cumplimiento cercano se superpone con otro lejano. Antíoco es la sombra; el Anticristo final será la sustancia. La Escritura no busca que calculemos genealogías, sino que reconozcamos patrones. Lo que hizo Asiria, Babilonia, Persia, Grecia y Roma se repite en distintos disfraces, pero culminará en un solo personaje: el hombre de pecado.

Desde una lectura psicológica, el Anticristo es la proyección máxima del narcisismo humano: un individuo que encarna la arrogancia colectiva de los imperios. Desde una lectura sociológica, es el epítome de los sistemas totalitarios que buscan control total: económico, cultural, religioso. Desde una lectura espiritual, es el intento final de Satanás por usurpar el trono de Dios antes de ser derrotado.

Por eso este capítulo cierra con una conclusión inevitable: los imperios pasados no son solo historia, son señales. Cada Babel, cada faraón, cada Nabucodonosor, cada Antíoco es un eco que anuncia al impostor final. La Biblia nos advierte: el espíritu de la iniquidad ya opera, pero un día se manifestará en plenitud.

Ese día marcará el inicio del engaño más sofisticado: el Anticristo que confirmará pactos, engañará a naciones y profanará lo santo. Y aquí entramos de lleno al estudio del capítulo siguiente: El Anticristo en la profecía bíblica.

## Del patrón al protocolo del impostor

Si los imperios fueron señales, el protocolo que habilita al impostor no precisa repetirles la partitura; solo necesita afinar el oído de las masas. El mecanismo opera por fases discretas y acumulativas. No demanda que el ciudadano crea nuevas doctrinas: basta con que adopte nuevos reflejos.

**Fase 1:** reprogramar el diccionario común. Se conserva el vocabulario (paz, bien común, dignidad), pero se sustituye el contenido. La memética convierte palabras nobles en vehículos de consenso: significan lo que la mayoría emocionalmente aprobó, no lo que Dios reveló. Así se amplía la ventana de Overton: lo que ayer era impensable hoy es debatible; mañana, obligatorio.

**Fase 2:** gestionar afectos, no solo ideas. La obediencia se obtiene fabricando aversión a todo lo que suene exclusivo y adhesión a lo que suene inclusivo, aunque niegue la verdad. La pertenencia social se vuelve premio, el disenso, vergüenza pública. La liturgia no es una genuflexión en la plaza, sino frases performativas (repite esto o quedas fuera).

**Fase 3:** de la "soft law" a la "hard law". Primero llegan códigos de conducta, guías, estándares voluntarios (soft law); después, resoluciones, multas, inhabilitaciones (hard law). El salto es casi imperceptible porque el terreno ya está catequizado. Lo que empezó como recomendación termina como norma y más tarde como delito.

**Fase 4:** condicionar acceso y reputación. El control no necesita barrotes si controla pasarelas: medios de pago, permisos, acreditaciones, visados, algoritmos de visibilidad. Nace un crédito reputacional informal: quien suscribe el credo del día accede; quien no, se agota en colas invisibles. El mercado premia conductas, no solo productos.

**Fase 5:** convertir lo sagrado en utilería. Los símbolos permanecen, pero se vuelven accesorios al relato cívico. Se canta, se encienden velas, se invoca el nombre de Dios… para bendecir el guion. La fe queda tolerada como "capital social" mientras no contradiga los dogmas del nuevo consenso.

**Fase 6:** persecución selectiva con aura de virtud. Ya no se castiga al hereje; se "protege a los vulnerables". La sanción llega con lenguaje terapéutico: cuidado, seguridad, salud mental. La ciudad se siente moralmente superior por reeducar al disidente.

**Personalización final.** Cuando la cultura ama la mentira útil, el "hombre" que la encarne solo pone rostro al proceso. Su fuerza no radica en su carisma, sino en la pedagogía previa que normalizó cada fase. Lo que ayer fue invitación será exigencia; lo que fue premio, condición.

Este protocolo prospera porque capturó hábitos. Por eso las respuestas de la Iglesia deben ser también hábitos: lenguaje honesto (llamar a las cosas por su nombre, sin eufemismos); comunidades densas (mesas, disciplina, cuidado mutuo); economía sobria (márgenes para perder acceso sin perder el pan); ritmos santos (Palabra, oración, día del Señor, hospitalidad); liturgia pública coherente (confesar a Cristo en la plaza con ternura y firmeza).

**Una advertencia práctica: vigilancia sin paranoia.** No vemos bestias bajo cada decisión pública; sí identificamos patrones: redefinición lingüística, soft→hard law, reputación como moneda, sacralización del Estado, penalización del disenso. Cuando el patrón aparece, no nos precipitamos a acusar personas; alzamos el estándar de verdad y amor.

El hilo rojo de todo esto no es el miedo, sino la esperanza. El protocolo del impostor aspira a uniformar conciencias; el protocolo del Cordero forma un pueblo que vive diferente sin necesidad de gritar más. Donde aquel exige lealtad para dar pan, este da vida para producir lealtad. Donde aquel confirma pactos para romperlos, este selló uno eterno con sangre.

El hilo rojo de todo esto no es el miedo, sino la esperanza. El protocolo del impostor aspira a uniformar conciencias; el del Cordero forma un pueblo que vive distinto sin necesidad de gritar. Donde aquel exige lealtad para dar pan, este da vida para producir lealtad. Donde aquel confirma pactos para romperlos, este selló uno eterno con sangre. Por eso, aunque el aire se espese, el creyente guarda la calma, cuida su santidad, sirve al prójimo y confiesa a Jesús sin vergüenza. El control de los hombres es prestado; el señorío de Cristo es definitivo.

## DE LOS IMPERIOS AL IMPOSTOR FINAL

La historia de los imperios no es una mera lección de arqueología. Es una radiografía del corazón humano en su empeño por controlar los designios de otros hombres. Desde la Torre de Babel hasta la helenización griega, lo que late es la misma pulsión: un poder humano que se erige como sustituto de Dios. Pero la Biblia no registra estos hechos solo como pasado, sino como tipologías que anticipan un desenlace mayor.

El profeta Daniel, deportado a Babilonia, fue testigo de esa tensión. Él vivió en carne propia lo que significa ser absorbido por un imperio que buscaba borrar identidad y reprogramar cultura. Pero en medio de ese trauma,

Dios le mostró que los reinos de este mundo no eran permanentes. La estatua de Nabucodonosor (Dn 2) revelaba la sucesión de metales: oro, plata, bronce, hierro y barro. Era la lección divina de que todos los imperios humanos, por sólidos que parecieran, estaban destinados a ser derribados por una piedra no cortada con mano humana: el Reino de Dios.

Cuando Daniel recibió la visión de las bestias (Dn 7), el mensaje fue aún más gráfico. Babilonia apareció como león, Persia como oso, Grecia como leopardo y Roma como bestia indescriptible. Cada animal representaba no solo un poder político, sino un instinto psicológico: depredación, voracidad, velocidad, brutalidad. El mensaje era claro: los imperios no son neutros; son bestias que devoran pueblos y buscan usurpar lo sagrado.

En ese marco aparece Antíoco Epífanes como "cuerno pequeño" (Dn 8). Su persecución contra los judíos no fue casualidad, sino prefiguración. Antíoco encarna lo que todos los imperios hacen en distinto grado: profanar lo santo, subyugar lo espiritual, sustituir la adoración a Dios por la obediencia al poder humano. Su intento de eliminar la circuncisión y sacrificar cerdos en el altar fue más que una ofensa cultural: fue un ensayo general del espíritu anticristiano.

Aquí la profecía da un giro. Lo que Daniel ve en Antíoco no se agota en él. Como dos montañas en el horizonte, un cumplimiento cercano se superpone con otro lejano. Antíoco es la sombra; el Anticristo final será la sustancia. La Escritura no busca que calculemos genealogías, sino que reconozcamos patrones. Lo que hizo Asiria, Babilonia, Persia, Grecia y Roma se repite en distintos disfraces, pero culminará en un solo personaje: el hombre de pecado.

Desde una lectura psicológica, el Anticristo es la proyección máxima del narcisismo humano: un individuo que encarna la arrogancia colectiva de los imperios. Desde una lectura sociológica, es el epítome de los sistemas totalitarios que buscan control total: económico, cultural, religioso. Desde una lectura espiritual, es el intento final de Satanás por usurpar el trono de Dios antes de ser derrotado.

Por eso este capítulo cierra con una conclusión inevitable: los imperios pasados no son solo historia, son señales. Cada Babel, cada faraón, cada Nabucodonosor, cada Antíoco es un eco que anuncia al impostor final. La Biblia nos advierte: el espíritu de la iniquidad ya opera, pero un día se manifestará en plenitud.

Ese día marcará el inicio del engaño más sofisticado: el Anticristo que confirmará pactos, engañará a naciones y profanará lo santo. Y aquí entramos de lleno al estudio del capítulo siguiente: El Anticristo en la profecía bíblica.

## Del patrón al protocolo del impostor

Si los imperios fueron señales, el protocolo que habilita al impostor no precisa repetirles la partitura; solo necesita afinar el oído de las masas. El mecanismo opera por fases discretas y acumulativas. No demanda que el ciudadano crea nuevas doctrinas: basta con que adopte nuevos reflejos.

Fase 1: reprogramar el diccionario común. Se conserva el vocabulario (paz, bien común, dignidad), pero se sustituye el contenido. La memética convierte palabras nobles en vehículos de consenso: significan lo que la mayoría emocionalmente aprobó, no lo que Dios reveló. Así se amplía la ventana de Overton: lo que ayer era impensable hoy es debatible; mañana, obligatorio.

Fase 2: gestionar afectos, no solo ideas. La obediencia se obtiene fabricando aversión a todo lo que suene exclusivo y adhesión a lo que suene inclusivo, aunque niegue la verdad. La pertenencia social se vuelve premio, el disenso, vergüenza pública. La liturgia no es una genuflexión en la plaza, sino frases performativas (repite esto o quedas fuera).

Fase 3: de la "soft law" a la "hard law". Primero llegan códigos de conducta, guías, estándares voluntarios (soft law); después, resoluciones, multas, inhabilitaciones (hard law). El salto es casi imperceptible porque el terreno ya está catequizado. Lo que empezó como recomendación termina como norma y más tarde como delito.

Fase 4: condicionar acceso y reputación. El control no necesita barrotes si controla pasarelas: medios de pago, permisos, acreditaciones, visados, algoritmos de visibilidad. Nace un crédito reputacional informal: quien suscribe el credo del día accede; quien no, se agota en colas invisibles. El mercado premia conductas, no solo productos.

Fase 5: convertir lo sagrado en utilería. Los símbolos permanecen, pero se vuelven accesorios al relato cívico. Se canta, se encienden velas, se invoca el nombre de Dios… para bendecir el guion. La fe queda tolerada como "capital social" mientras no contradiga los dogmas del nuevo consenso.

Fase 6: persecución selectiva con aura de virtud. Ya no se castiga al hereje; se "protege a los vulnerables". La sanción llega con lenguaje terapéutico: cuidado, seguridad, salud mental. La ciudad se siente moralmente superior por reeducar al disidente.

Personalización final. Cuando la cultura ama la mentira útil, el "hombre" que la encarne solo pone rostro al proceso. Su fuerza no radica en su carisma, sino en la pedagogía previa que normalizó cada fase. Lo que ayer fue invitación será exigencia; lo que fue premio, condición.

Este protocolo prospera porque capturó hábitos. Por eso las respuestas de la Iglesia deben ser también hábitos: lenguaje honesto (llamar a las cosas por su nombre, sin eufemismos); comunidades densas (mesas, disciplina, cuidado mutuo); economía sobria (márgenes para perder acceso sin perder el pan); ritmos santos (Palabra, oración, día del Señor, hospitalidad); liturgia pública coherente (confesar a Cristo en la plaza con ternura y firmeza).

Una advertencia práctica: vigilancia sin paranoia. No vemos bestias bajo cada decisión pública; sí identificamos patrones: redefinición lingüística, soft→hard law, reputación como moneda, sacralización del Estado, penalización del disenso. Cuando el patrón aparece, no nos precipitamos a acusar personas; alzamos el estándar de verdad y amor.

El hilo rojo de todo esto no es el miedo, sino la esperanza. El protocolo del impostor aspira a uniformar conciencias; el protocolo del Cordero forma un pueblo que vive diferente sin necesidad de gritar más. Donde aquel exige lealtad para dar pan, este da vida para producir lealtad. Donde aquel confirma pactos para romperlos, este selló uno eterno con sangre.

El hilo rojo de todo esto no es el miedo, sino la esperanza. El protocolo del impostor aspira a uniformar conciencias; el del Cordero forma un pueblo que vive distinto sin necesidad de gritar. Donde aquel exige lealtad para dar pan, este da vida para producir lealtad. Donde aquel confirma pactos para romperlos, este selló uno eterno con sangre. Por eso, aunque el aire se espese, el creyente guarda la calma, cuida su santidad, sirve al prójimo y confiesa a Jesús sin vergüenza. El control de los hombres es prestado; el señorío de Cristo es definitivo.

## ATERRIZAJE ESCATOLÓGICO

Si todo esto se quedara en esquema, serviría para ganar debates, pero no para sostener almas. El protocolo del impostor y el protocolo del Cordero no se juegan solo en cancillerías y parlamentos; se juegan en la sala de una casa, en la pantalla de un celular, en la firma de un contrato, en la manera en que un creyente decide hablar o callar. La batalla por el control no empieza cuando aparezca un líder con apellido peligroso; empieza cuando aceptamos sin pensar la lógica de un sistema que nos pide vender pequeñas lealtades a cambio de pequeñas seguridades.

En la práctica, el protocolo del impostor se filtra cuando un cristiano aprende a mentir "un poquito" para conservar el trabajo, a maquillar convicciones para conservar el círculo social, a adaptar su vocabulario bíblico para que no huela tan bíblico. No necesita un decreto imperial para operar: le basta con un corazón cansado que se convence de que "no vale la pena complicarse". El control externo triunfa primero como auto–censura interna.

Al mismo tiempo, el protocolo del Cordero se hace carne cuando una familia decide que el criterio de verdad en la casa no será la tendencia del día, sino la Palabra; cuando una iglesia local prefiere perder subvenciones, accesos o reputación antes que vender el evangelio disfrazado de coaching; cuando un joven decide perder seguidores antes que ganar aplausos traicionando a Cristo. Son gestos que no salen en los noticiarios, pero que pesan en la balanza del cielo.

Escatológicamente, este capítulo te coloca en una encrucijada sencilla y brutal: o te entrenas para amar la verdad, o terminarás amando la mentira que mejor te proteja. No existe zona neutral. El espíritu de la iniquidad ya opera; no solo en despachos lejanos, sino en la forma en que nuestra generación aprende a negociar convicciones a cambio de comodidad. La Escritura no te llama a vivir aterrado, sino despierto. No te pide que identifiques al impostor por su pasaporte, sino que reconozcas su lógica cada vez que alguien te ofrezca "paz" al costo de tu fidelidad a Cristo.

Por eso la respuesta más profunda no es aprender a detectar conspiraciones, sino aprender a vivir como pueblo distinto. Una iglesia que ora junta, que parte el pan, que carga a los débiles, que corrige con amor, que se sostiene económicamente con sobriedad, que habla claro sin odio, que se niega a adorar al dinero, al Estado o a la reputación, ya está desactivando el protocolo del impostor en su propio territorio. No controla el mundo, pero da un testimonio que el mundo no sabe cómo controlar.

Y aquí entra de lleno la dimensión evangelística, aunque no gritemos la palabra. El Dios que juzgará a los imperios es el mismo que hoy abre las puertas de su Reino a gente que vive atada al miedo, a la culpa o a la necesidad de controlarlo todo. El Cordero que desenmascarará al impostor es el mismo que ya cargó en la cruz con la mentira, la idolatría, la cobardía y la arrogancia de quienes hoy reconocen que no son señores de nada. No necesitas esperar a que se firme un pacto global para responder a este capítulo; basta con mirar tu propio pequeño "imperio" y admitir que frente a Dios no eres emperador, sino pecador necesitado de gracia.

Si el Espíritu te ha estado inquietando mientras lees sobre bestias, pactos, protocolos y contratrinidades, la salida no es refugiarte en pánico, sino rendirte en fe. Hay un trono que no será ocupado por ningún Anticristo, y ya tiene dueño: Jesucristo, el Hijo de Dios, que vino, murió y resucitó. Sus manos perforadas son la mejor refutación a todas las manos que quieren controlar. Sus heridas son el único pasaporte válido al Reino que no termina. El protocolo del impostor ofrece control a cambio de tu alma; el protocolo del Cordero te ofrece vida eterna a cambio de tu rendición.

Por eso, mientras el reloj profético avanza y el mundo se acostumbra a que unos pocos controlen la narrativa, el creyente aprende a hacer algo radicalmente subversivo: confiar. Confiar en Cristo cuando los sistemas tiemblan; obedecer a Cristo cuando la mayoría aplaude otra cosa; descansar en Cristo cuando el miedo aprieta. Los imperios pasarán, el impostor final se desenmascarará, y el Cordero reinará. El control de los hombres es prestado; el señorío de Cristo es definitivo.

# CAPÍTULO 13

# EL ANTICRISTO EN LA PROFECÍA BÍBLICA

Hablar del Anticristo no es alimentar morbo apocalíptico, sino completar el mapa bíblico donde Cristo es el centro y todo impostor queda desenmascarado. La Escritura no nos da el número de su pasaporte ni su estatura; revela su carácter, su método y su límite. Pablo escribió que ya está en acción el misterio de la iniquidad, y Juan dijo que muchos anticristos han surgido. La Biblia, por tanto, enseña un espíritu que opera en la historia y un individuo que lo culminará. No necesitamos adivinar nombres; necesitamos amar la verdad para no caer en el engaño.

Daniel ofrece el esqueleto profético más claro. En la visión del carnero y el macho cabrío, el ángel identifica a Media-Persia y a Grecia, y la historia reconoce a Antíoco IV Epífanes como "cuerno pequeño" que profana el culto y persigue a los santos. Sin embargo, el relato se estira más allá de Antíoco: el lenguaje de grandezas blasfemas y el ataque al Príncipe de los ejércitos señalan una figura mayor. En las setenta semanas, la escatología se ata al reloj de Jerusalén.

Tras las sesenta y nueve semanas que nos llevan al Mesías Príncipe, queda una semana final marcada por un movimiento de alto voltaje espiritual y político: por otra semana confirmará el pacto con muchos; a la mitad de la semana hará cesar el sacrificio y la ofrenda. El verbo sugiere hacer fuerte lo que ya existe; no se presenta como agresor, sino como garante. Ese es un rasgo del impostor: llega como solución y se revela profano.

### Nota técnica – Las sesenta y nueve semanas.

Muchos intérpretes han visto el conteo de las primeras sesenta y nueve semanas como un período de 483 años desde el decreto de Artajerjes que permitió reconstruir Jerusalén hasta la entrada triunfal del Mesías. La propuesta clásica ubica el punto de partida en el siglo V a. C. y, usando años proféticos de 360 días, llega a la presentación pública de Jesús en Jerusalén con una precisión notable. Aun reconociendo matices cronológicos entre escuelas serias, el centro teológico permanece: el Mesías llega en el tiempo señalado, y todavía resta una semana final en el plan de Dios para su pueblo y su ciudad.

Daniel 11 añade contorno al rostro: harán cesar el continuo sacrificio y pondrán la abominación desoladora; el rey hará su voluntad, se ensoberbecerá y se engrandecerá sobre todo dios; del dios de las fortalezas honrará. Ahí asoma su teología: culto instrumental, fuerza como deidad, política convertida en religión. No es un ateo cínico; es un sacerdote civil que administra símbolos y exige lealtad total. Jesús, al describir tiempos de engaño, recoge a Daniel y advierte sobre falsos ungidos y falsos profetas que, si fuere posible, engañarán a los escogidos, y señala la abominación desoladora en lugar santo como hito de profanación. La cronología puede debatirse; el patrón no.

### Un dato ignorado:
"ni del amor de las mujeres" (Daniel 11:37)

"Del Dios de sus padres no hará caso, ni del amor de las mujeres; ni respetará a dios alguno, porque sobre todo se engrandecerá."

El texto es incómodo y, por eso mismo, muy revelador. ¿Qué significa "ni del amor de las mujeres"? La frase ha recibido tres lecturas serias a lo largo de la historia, y cualquiera de ellas pinta un trazo oscuro en el perfil del impostor.

**Primera lectura:** desprecio o desinterés sexual por las mujeres. "No hará caso… del amor de las mujeres" puede indicar que el personaje carecerá de atracción por ellas —algunos intérpretes deducen homosexualidad, otros asexualidad centrada en el poder— o que despreciará el matrimonio como Dios lo instituyó. Esto encaja con una rebelión más amplia contra el orden creado (varón y hembra los creó; dejará el hombre a su padre y a su madre y se unirá a su mujer) y con el diagnóstico paulino de la cultura que invierte la moral sexual para legitimar su idolatría. No es solo una preferencia privada; es la señal pública de una cosmovisión que pretende reescribir la creación.

**Segunda lectura:** desprecio por "el Deseado de las mujeres". En la esperanza judía, muchas mujeres anhelaban ser el vaso por el cual viniera el Mesías; así, "el Deseado de las mujeres" puede aludir al Mesías mismo. Bajo esta lectura, el impostor no solo rechaza al Dios de sus padres, sino también al Ungido prometido a Israel. Es una teología de sustitución en toda regla: borra al Hijo para entronizar su propio culto.

**Tercera lectura:** rechazo de deidades populares "amadas por las mujeres" (eco de Tammuz en Ezequiel). Sería el gesto cínico de un líder que desprecia toda piedad tradicional (incluida la religiosa de su pueblo) y solo honra el "dios de las fortalezas": la fuerza, la maquinaria militar, la seguridad estatal como religión civil.

Sea cual sea la opción, el trazo converge: el impostor mostrará una ruptura radical con el diseño de Dios y/o con el Mesías de Dios, y convertirá esa ruptura en programa público. En la práctica, eso suele venir acompañado por leyes y símbolos que degradan el matrimonio, erosionan la maternidad y la mujer como realidades dadas por el Creador, e imponen una moral sexual estatal que exige afirmación verbal para participar en la vida común.

No estamos cazando brujas ni etiquetando personas por su tentación; estamos leyendo patrones de poder: cuando la ciudad canoniza la revolución sexual como dogma y convierte el disenso bíblico en delito, el olor a Babilonia es fuerte.

**Para el discernimiento pastoral conviene observar criterios, no chismes:**

— **Exaltación del Estado sobre la casa:** políticas que subordinan familia, paternidad y maternidad a un proyecto ideológico y que tratan al hogar como "foco de riesgo" a reeducar.
— **Erosión jurídica del ser mujer:** lenguaje y normas que diluyen lo femenino en abstracciones útiles al régimen y castigan la diferencia creada por Dios.
— **Sacralización de la identidad sexual:** el poder exige liturgias públicas (declaraciones, símbolos, "afirmaciones") como prueba de lealtad cívica.
— **Penalización del disenso:** quien sostiene la ética bíblica del cuerpo y del matrimonio pierde acceso, reputación o pan.
— **Perfil del líder:** su vida y su retórica no solo ignoran el amor de las mujeres; instrumentalizan el sexo y el género para ungir la política con un aura de redención.

Este énfasis no nos autoriza a odiar a nadie. La Iglesia no responde con burla ni con violencia, sino con santidad, compasión y verdad. Pero tampoco nos permite callar: el texto existe y pide leerse sin miedo. Si el impostor "no hará caso del amor de las mujeres", la Iglesia honra a la mujer, defiende el matrimonio, protege a los niños, acoge al arrepentido y resiste con ternura y firmeza cualquier liturgia estatal que pretenda sustituir el diseño del Creador.

En una época que llama progreso a la inversión moral, este versículo funciona como sirena: no para desatar cazas de personas, sino para mantener despierta a la casa de la fe y fuerte la mesa donde Cristo es Señor. Y si alguien llega con culpa, herido por su historia, la respuesta no es el exilio: es el Evangelio. Cristo no humilla a los caídos; los levanta y los limpia. El impostor promete pertenencia a cambio de sumisión a su credo; Jesús ofrece perdón y nueva vida a todo el que cree. Ahí está la diferencia que salva.

Pablo perfila la psicología del personaje en 2 Tesalonicenses 2. Lo llama "hombre de pecado e hijo de perdición", alguien que "se sienta en el templo de Dios como Dios, haciéndose pasar por Dios". Su ascenso se explica porque quienes le abren el alma no recibieron el amor de la verdad. No basta saber la verdad; hay que amarla. El impostor no solo compra voluntades; seduce afectos. Pero su final está decretado: el Señor lo matará con el espíritu de su boca y lo destruirá con el resplandor de su venida. Su auge será espectacular; su caída, instantánea.

El Apocalipsis ofrece la puesta en escena. Del mar surge una bestia con poder político a la que se le da autoridad sobre toda tribu, pueblo, lengua y nación. De la tierra sube otra bestia —el falso profeta— que pone su aparato de señales al servicio del culto global, ordena levantar imagen del poder, exige adoración y controla comprar y vender mediante una marca. El dragón, la bestia y el falso profeta forman una contratrinidad: parodia del Padre, del Hijo y del Espíritu. Es teología invertida: una encarnación falsa (el poder que se diviniza), un Pentecostés falso (prodigios mentirosos), un sacramento falso (la marca), una misión falsa (propaganda mundial) y una comunión falsa (un censo de nombres en un registro que no es el Libro de la Vida).

**ACLARACIÓN** — Para los que acabaron de llegar:
**QUIÉNES SON "EL DRAGÓN, LA BESTIA Y EL FALSO PROFETA**

**El dragón es Satanás**, "la serpiente antigua, que se llama diablo y Satanás" (Apocalipsis 12:9; 20:2). **Parodia la paternidad del Padre** porque entrega su poder, su trono y grande autoridad a la bestia (Apocalipsis 13:2). Es la fuente del engaño y la violencia espiritual; no gobierna como creador, sino como usurpador.

**La bestia** (que sube del mar) es la estructura imperial y su cabeza personal, la figura del Anticristo (Apocalipsis 13:1-8). Siete cabezas y diez cuernos describen alcance y coalición; "se le dio autoridad" por cuarenta y dos meses para blasfemar y perseguir. **Parodia al Hijo:** recibe una "herida mortal" sanada (apariencia de resurrección, Apocalipsis 13:3) y el mundo exclama "¿Quién como la bestia?". Es poder político-religioso que exige culto y domina naciones.

**El falso profeta** (la bestia que sube de la tierra) es el aparato religioso-propagandístico que legitima a la bestia (Apocalipsis 13:11-17). "Tenía dos cuernos semejantes a los de un cordero, pero hablaba como dragón"; hace grandes señales, "hace descender fuego del cielo", engaña a los moradores, ordena levantar imagen de la bestia y hace que todos reciban una marca en la mano o en la frente para poder comprar o vender. Apocalipsis lo nombra explícitamente "el falso profeta" (16:13; 19:20;

20:10). Parodia al Espíritu Santo: no regenera, homologa; no santifica, uniforma; no sella con fe, marca con lealtad idolátrica.

**Con esta contratrinidad se monta una teología invertida:**
- **Encarnación falsa:** el poder que se diviniza y pide adoración (la bestia).
- **Pentecostés falso:** prodigios mentirosos que avalan la mentira (el falso profeta; cf. 2 Tesalonicenses 2:9).
- **Sacramento falso:** la marca como rito de pertenencia económica y cultual (Apocalipsis 13:16-17; 13:18).
- **Misión falsa:** propaganda mundial que impone un credo civil (Apocalipsis 13:7, 14).
- **Comunión falsa:** censo de lealtades de quienes adoran a la bestia, "cuyos nombres no están escritos en el Libro de la Vida del Cordero" (Apocalipsis 13:8).

No son tres símbolos sin rostro: son Satanás, su régimen anticrístico y su sacerdocio propagandístico trabajando en concierto para sustituir a Dios en el culto, la conciencia y la vida pública.

Esa lógica de sustitución explica el prefijo anti: no solo contra Cristo, sino en lugar de Cristo. Donde Cristo se entrega para salvar, el impostor exige sumisión para incluir; donde Cristo sella con sangre un pacto eterno, el impostor confirma pactos frágiles que romperá a la mitad; donde Cristo envía su Espíritu para hacernos santos, el impostor envía su propaganda para hacernos útiles. Por eso no basta detectar errores doctrinales; hay que discernir ritos públicos que pretenden el alma: lealtades totales disfrazadas de bien.

Conviene mirar con serenidad preguntas exegéticas que suelen dividir a estudiantes serios, sin convertirlas en piedra de tropiezo.

## ¿Qué significa sentarse en el templo de Dios?

Algunos esperan un templo futuro reconstruido; otros ven una usurpación del espacio que pertenece a Dios en la vida religiosa y civil; otros subrayan la Iglesia como templo espiritual y la pretensión de gobernar conciencias desde dentro. La prudencia manda no dogmatizar donde el texto permite márgenes, y la pastoral exige advertir qué busca ese sentarse: usurpar la adoración, redefinir lo sagrado y administrar el perdón y la culpa desde un trono prestado.

## ¿Quién o qué es el que ahora lo detiene?

La tradición ha visto desde la autoridad civil que limita la anarquía hasta la providencia de Dios que marca tiempos. Sea cual sea la identidad de quien lo detiene, el punto no cambia: el impostor no irrumpe hasta que el cielo lo permite. Satanás muerde con correa.

Dios ha dejado ensayos que vacunan contra la ingenuidad. Antíoco profanó el templo con liturgia imperial; los Césares reclamaron culto; cristiandades de Estado confundieron cruz con cetro; totalitarismos modernos convirtieron la política en eucaristía de masas con mártires ajenos. Ninguno de esos episodios cumple por sí mismo las descripciones finales; todos prefiguran rasgos del impostor. La pedagogía divina es clara: reconoce el patrón sin desatar cacerías de brujas. Cuando una autoridad pretende monopolio moral, administración de perdón y condicionamiento económico de conciencias, ya huele a Babilonia, aunque cambie de idioma.

Antíoco IV Epífanes profanó el templo no solo con irreverencia, sino con una liturgia imperial que quiso reemplazar la adoración al Dios de Israel por culto estatal. En el año 167 antes de Cristo erigió un altar a Zeus sobre el altar de los holocaustos, sacrificó un cerdo en el altar del Templo, prohibió la circuncisión, el sábado y la lectura de la Ley, y obligó a comer chicharrones, puerco y chuletas (carne impura) bajo pena de muerte. No fue una falta de respeto aislada: fue un programa religioso-político que convirtió el templo en escenario del poder, y a la conciencia del pueblo en objeto de reeducación. Por eso la Escritura habla de "abominación desoladora": no solo se profana el lugar, se desolaba la vida del pueblo al arrancarle su culto y su identidad.

Los Césares, por su parte, reclamaron culto como prueba de lealtad cívica. El imperio organizó altares al genio del César, pidió incienso y una fórmula pública —"César es Señor"— para medir pertenencia. No exigía, al principio, que nadie abandonara a sus dioses; exigía que todos reconocieran que el Estado y su cabeza eran la instancia última. Ese "pequeño" rito convertía la política en religión civil. Los cristianos no pudieron aceptarlo porque ya tenían Señor, y por eso se acusaron de ateísmo, deslealtad y odio al género humano. El mecanismo queda al desnudo: el poder no solo administra impuestos y caminos, también quiere administrar adoración; no se conforma con obediencia, busca liturgia.

Cuando la cristiandad de Estado confundió cruz con cetro, el problema cambió de traje, pero no de fondo. La cruz, signo del Siervo que se entrega, se convirtió en estandarte de legitimación y, a veces, en arma para uniformar conciencias. Hubo emperadores que protegieron la fe y hubo leyes que frenaron el paganismo; pero también hubo períodos en que la verdad se defendió a golpes, se persiguió al disidente y se confundió la disciplina de la iglesia con la coerción del Estado. La mezcla intoxicó a ambos: el Estado se creyó salvador y la Iglesia aprendió a mandar con espada. Cada vez que la institución adoptó ese reflejo, se acercó al patrón de Babilonia: monopolio moral por decreto y perdón administrado desde un despacho.

Los totalitarismos modernos sacralizaron la política con una estética religiosa: desfiles coreografiados, símbolos absolutos, confesiones públicas, catecismos ideológicos para niños, calendarios cívicos con sus fiestas "santas" y sus días de duelo, y una teología de la historia donde el partido o el líder hacen las veces de mesías colectivo. La "eucaristía de masas" fue esa ofrenda periódica de cuerpo y alma a la causa, con "mártires" ajenos: disidentes, minorías oculpadas y sacrificadas en nombre del bien común. La economía se volvió sacramento: cartillas de racionamiento, licencias de trabajo, acceso a estudios y oficios condicionado a la adhesión; la absolución llegó en forma de autocríticas, reeducación o rehabilitación social. No fue un accidente: cuando el poder decide definir en solitario el bien, perdonar según conveniencia y abrir o cerrar el mercado como premio o castigo, ha montado un templo sin Dios.

Por eso la pedagogía divina no nos invita a cacerías de brujas, sino a reconocer patrones. Allí donde una autoridad reclama monopolio moral (solo ella decide qué es verdadero y bueno), pretende administración de perdón (ella absuelve si repites su credo) y practica condicionamiento económico de conciencias (acceso al pan y a la vida común sujeto a esa lealtad), el aire huele a Babilonia aunque el idioma sea otro y los símbolos cambien. El pueblo de Cristo discierne sin odio, sirve sin miedo y confiesa sin negociar, porque sabe que ningún trono prestado puede ocupar, por mucho tiempo, el lugar del Dios vivo.

En el plano sociológico, el impostor triunfa porque ofrece identidad y pertenencia a una generación exhausta. En el plano psicológico, encarna un narcisismo mesiánico que promete sanar la fractura del mundo sin cruz ni arrepentimiento. En el plano jurídico, traduce dogmas fluidos en normas sólidas bajo el rótulo de seguridad y bienestar. En el plano económico, convierte la reputación en moneda y el acceso en premio a la obediencia. En el plano religioso, viste todo eso de misericordia pública y fraternidad universal para no parecer tirano, sino benefactor. Se maravilló toda la tierra en pos de la bestia: admiración antes que miedo.

La Escritura, sin embargo, asigna límites precisos.
• Primero, límites de permiso: no adelanta un minuto su agenda sin la soberanía de Dios.
• Segundo, límites de duración: su hora es breve y su margen, medido.
• Tercero, límites de alcance: no borra a los santos; los purifica.

El texto no romantiza la prueba —habrá tribulación real—, pero tampoco romantiza al tirano: su resplandor se apaga con una exhalación del Señor.

Para la hermenéutica pastoral es útil resumir sus métodos sin tecnicismos innecesarios en una visión unificada. Su diplomacia es seductora, se presenta como garante de paz, estabiliza tratados y promete seguridad. Su profanación es gradual, redefine lo sagrado hasta exigir suplantación abierta. Su catequesis es pública, fabrica un credo civil con palabras hermosas vaciadas de Escritura. Su aparato es de señales y propaganda, prodigios que validan su relato y cancelan la memoria. Su control es económico, convierte comprar y vender en examen de lealtad. Su disciplina es selectiva, sanciona con aura de virtud a quienes no afirmaron el credo del día. No es que la tecnología cree al impostor; es que el impostor aprovecha la tecnología de su generación para fijar culto, control y consentimiento.

El creyente maduro no responde con pánico ni con cinismo, sino con santidad sobria. La vacuna bíblica no es acumular teorías, es amar la verdad. Quien ama la verdad no vende a Cristo por pertenencia ni por pan. La Iglesia que soporta el día malo no es la más ruidosa, sino la más densa: mesa, Palabra, oración, disciplina, hospitalidad, oficios honestos, generosidad concreta, y una liturgia del corazón que confiesa a Jesús sin vergüenza. El impostor no sabe qué hacer con santos que viven así: no negocian identidad por prestigio, no buscan permiso para servir, no cambian el evangelio por lenguaje rentable, no confunden el bien con el aplauso.

Hay un aspecto constante: el impostor ama el templo en la misma medida en que odia la santidad. Anhela escenario, no presencia; micrófono, no altar; devoción pública, no obediencia secreta. Por eso los santos resisten sin teatralidad: su fuerza está en el cuarto de oración y en la mesa familiar, en la verdad dicha sin aspavientos, en el trabajo bien hecho, en el amor al enemigo. El impostor puede exigir una frase ante las cámaras; no puede fabricar un corazón quebrantado. El Reino avanza donde un pecador se rinde a Cristo, donde una madre enseña la Palabra, donde un joven apaga la pantalla para orar, donde un pastor cuida el rebaño sin vender el púlpito. Ahí se derrumba, silenciosamente, el proyecto del hombre de pecado.

Cristo es el marco que hace inteligible todo lo demás. Él habló de la abominación, advirtió de falsos cristos, prometió estar con los suyos todos los días y vendrá en gloria. Cuando Juan vio a la bestia, no terminó su libro con la bestia; lo cerró con el Cordero, Fiel y Verdadero, que juzga y pelea con justicia, con una túnica teñida en sangre y un nombre sobre su muslo: Rey de reyes y Señor de señores. Ese final gobierna el presente. Si Él reina, el impostor no dicta nuestra agenda ni nuestro ánimo.

Quien lee estas líneas puede hablar con Dios ahora mismo sin espectáculo ni mediaciones humanas. El camino está abierto por la sangre de Jesús. Si has amado la mentira por miedo o conveniencia, pide misericordia; el Señor no desprecia un corazón contrito. Si te has enfriado, pide fuego santo; Él no apaga el pábilo que humea. Si te pesa el futuro, mira al Cordero; Él venció. Y si aún no conoces a Cristo, cree: Él es el Hijo de Dios que murió por tus pecados y resucitó; en Él hay perdón, vida y un reino que no puede ser conmovido.

Con esa certeza se estudia, se sirve y se espera. Porque el control de los hombres es prestado; el señorío de Cristo es definitivo.

Quien lee estas líneas puede hablar con Dios ahora mismo sin espectáculo ni mediaciones humanas. El camino está abierto por la sangre de Jesús. Si has amado la mentira por miedo o conveniencia, pide misericordia; el Señor no desprecia un corazón contrito. Si te has enfriado, pide fuego santo; Él no apaga el pábilo que humea. Si te pesa el futuro, mira al Cordero; Él venció. Y si aún no conoces a Cristo, cree: Él es el Hijo de Dios que murió por tus pecados y resucitó; en Él hay perdón, vida y un reino que no puede ser conmovido.

Con esa certeza se estudia, se sirve y se espera. Porque el control de los hombres es prestado; el señorío de Cristo es definitivo.

## ATERRIZAJE ESCATOLÓGICO

Si este capítulo se quedara solo en identificar al Anticristo, el libro habría fallado su blanco. El objetivo de la profecía no es regalar curiosidad, sino producir santidad. El retrato del impostor final sirve, en primer lugar, para desnudarnos a nosotros mismos. Antes de preguntarnos si tal o cual líder encaja en el perfil, la pregunta incómoda es otra: ¿cuánto del espíritu del Anticristo ya se ha sentado en mi corazón cuando prefiero el aplauso a la verdad, la comodidad a la fidelidad, la reputación a la cruz?

El misterio de la iniquidad no empieza en Bruselas ni en Nueva York; empieza donde un discípulo se convence de que puede servir a dos señores. Cada vez que el creyente vende una convicción para conservar un privilegio, practica en miniatura lo que el impostor ofrecerá a escala global. Por eso la Escritura insiste en algo tan poco espectacular y tan profundamente escatológico como esto: "Permanezca el amor fraternal", "no améis al mundo", "retened lo que tenéis". El santo que aprende a decir "no" a las pequeñas marcas del día a día estará mejor preparado para decir "no" a cualquier marca oficial, si le toca.

Al mismo tiempo, este capítulo es medicina contra dos enfermedades opuestas: la paranoia y la indiferencia. La paranoia ve bestias en cada vacuna, en cada partido, en cada tarjeta de crédito, y termina viviendo esclava del miedo que dice combatir. La indiferencia, por su parte, bosteza ante Apocalipsis, se burla de Daniel y vive como si la historia fuera una línea infinita sin juicio al final. La Biblia no nos llama ni a la histeria ni a la amnesia, sino a la lucidez: discernir los patrones, sin dejar de mirar al Cordero.

Esa lucidez se traduce en decisiones muy concretas. Escatología aterrizada es un padre que enseña a sus hijos a decir la verdad aunque la clase se ría; una mujer que decide honrar a Cristo en su trabajo aunque le cueste ascensos; un pastor que se rehúsa a convertir la iglesia en plataforma de un caudillo; un empresario que paga el precio de la integridad en un sistema que recompensa la trampa. El Anticristo no sabe qué hacer con gente así, porque su proyecto supone una humanidad disciplinada por el miedo y hambrienta de aprobación. Un pueblo que ya está satisfecho en Cristo es un mal negocio para su sistema.

Este capítulo también es una invitación silenciosa a cambiar de trono. Si hasta ahora el centro de tu vida ha sido "mi proyecto, mi imagen, mi seguridad", te estás entrenando sin saberlo en la liturgia del hombre de pecado: él ofrece precisamente eso elevado a la enésima potencia. El evangelio, en cambio, te llama a rendirte a un Rey que no necesita propaganda porque ya se entregó en tu lugar. Donde el impostor exigirá marca para comprar pan, Cristo se ofrece a sí mismo como Pan de vida. Donde aquel pedirá tu alma para darte un puesto en su sistema, este entrega su vida para darte un lugar en un Reino inconmovible.

Y sí, esto incluye una pregunta que no se puede maquillar: ¿has venido a Cristo en arrepentimiento y fe, o solo te interesa saber del Anticristo por curiosidad? No basta con conocer el mapa; hay que conocer al Guía. No basta con sospechar del sistema; hay que rendirse al Señor. La verdadera vacuna contra el engaño no es información, es nueva vida. El Cristo que un día destruirá al impostor con el resplandor de su venida hoy mismo puede destruir, en tu corazón, la tiranía del pecado, la culpa, el orgullo y el miedo.

Así se estudia escatología de rodillas: leyendo a Daniel, a Pablo y a Juan con la Biblia abierta y el corazón abierto. No para ganar discusiones en redes, sino para perder ante Dios la ilusión de que controlamos algo. El día del Anticristo llegará en el calendario de Dios; el día de salvación es este. Mientras puedas oír su voz, no endurezcas tu corazón. Porque el control de los hombres es prestado; el señorío de Cristo es definitivo.

## CAPÍTULO 14

# LA OBSESIÓN HUMANA POR IDENTIFICAR AL ANTICRISTO

Hay un juego que entretiene a los ansiosos desde hace veinte siglos: ponerle nombre y apellido al impostor. Cambian los calendarios, cambian los regímenes, cambian los códigos QR, pero la fiebre sigue: "¿Será este? ¿Será aquel?". Los primeros cristianos vieron a Nerón en cada esquina del Apocalipsis; en la Edad Media, muchos señalaron al islam o al Papado; en la modernidad desfilaron Napoleón, Hitler, Stalin, y más tarde se apuntó a la ONU, a la Unión Europea, a banqueros, magnates tecnológicos y presidentes de turno. Si por la rumorología fuera, el Anticristo ya habría agotado sus vidas extra. La Escritura, en cambio, nunca nos mandó a jugar lotería de nombres: nos mandó a amar la verdad, a discernir el espíritu de la iniquidad y a vivir en santidad mientras el mundo vende miedo como si fuera sabiduría.

¿Por qué nos obsesiona un rostro? La respuesta es tan humana como antigua. Psicológicamente, el corazón angustiado necesita concretar el mal en un individuo para sentir que puede controlarlo. Es el mecanismo del chivo expiatorio: si logramos ponerle cara a nuestras pérdidas, parece que recuperamos el mando. Sociológicamente, las masas se cohesionan contra alguien; una sociedad cansada busca un villano común para experimentar unidad sin arrepentimiento. Culturalmente, nos seduce el relato simple: "hay un culpable, atrápenlo y todo se arregla". Pero el pecado no es una estatua a la que se le arranca la cabeza; es una corriente que atraviesa instituciones, mercados, pantallas y templos. Por eso Juan no dijo "vendrá un anticristo y ya": dijo "ya ahora hay muchos anticristos", y explicó que el espíritu que los anima "ya está en el mundo".

La historia lo confirma con ironía. Había cuentas de gematría que identificaban el 666 con "Nerón César" escrito en hebreo; después se probó con "Lateinos",[1] con "Vicarius Filii Dei",[2] con todo lo que sonara a Roma. Cuando aparecieron los códigos de barras, se decretó el fin; llegaron las tarjetas de crédito y volvimos a asustarnos; aterrizó Internet y el pánico cambió de domicilio; vinieron los chips, las apps y las billeteras digitales, y el vecino más nervioso ya vio la marca tatuada en cada teléfono. ¿Sirve este sobresalto perpetuo? Sirve a los fabricantes de pánico y a los vendedores de profecía instantánea. Al santo lo distrae. El problema nunca fue la tecnología por sí misma, sino quién la usa para qué y con qué permiso moral.

Que quede claro: no estamos proponiendo ingenuidad. El tablero actual es ideal para condicionar el acceso a la vida común mediante reputación, biometría, plataformas y banca. Pero no confundamos herramientas con bestias. El impostor aprovechará la tecnología de su generación, no la fabricará desde cero. El nervio no es si el código está en la muñeca, sino si la conciencia ya firmó la lealtad que le exigen. Antes de marcar manos y frentes, el sistema marca lenguajes y afectos: ensancha la ventana de Overton, impone liturgias verbales, convierte la benevolencia en dogma y

---

[1] *"Lateinos" (griego Λατεινός, "latino", entendido por algunos padres como referencia al Imperio Romano; al sumar las letras como números —isopsefía— algunos cálculos dan 666).*

[2] *"Vicarius Filii Dei" (latín, "Vicario del Hijo de Dios"; al sumar solo las letras con valor romano —V=5, I=1, C=100, L=50, D=500— ciertos conteos llegan a 666; es un rótulo discutido, no un título papal oficial)*

la santidad en amenaza social. Cuando eso está listo, cualquier dispositivo sirve.³

La obsesión por identificar al impostor, además, suele nacer de una pereza exegética: buscamos atajos para no lidiar con la complejidad de los textos. ¿Qué es exactamente "sentarse en el templo de Dios"? ¿Cómo leer la "abominación desoladora"? ¿Qué significa "confirmará el pacto con muchos"? Hay márgenes legítimos. En lugar de reconocerlos, preferimos cerrar el abanico con una foto de prensa y un hilo viral. La Biblia, sin embargo, nos da patrones más sólidos que una cara en tendencia: diplomacia seductora que deviene profanación, catequesis pública con palabras vaciadas de Escritura, señales que legitiman mentiras, condicionamiento económico de la lealtad y, al final, exigencia de adoración. El que calce esos cinco zapatos a la vez, con permiso de las naciones y bendición de la religión pública, ése es. Antes de eso, son ensayos.

Miremos algunas escenas que el rumor usa mal y la Escritura usa bien. Nerón cumplía el perfil del perseguidor, pero no agotaba la profecía; Antíoco profanó el templo, pero fue sombra; ciertos papados administraron perdón como si fueran banqueros de la gracia, y esa usurpación huele a Babilonia, pero la Bestia final no cabe entera en una curia; los totalitarismos del siglo XX convirtieron la política en sacramento

---

³ *Expresión abreviada de un proceso cultural: 'ensancha la ventana de Overton' = desplaza lo socialmente aceptable (lo que era impensable pasa a discutible, luego a respetable y finalmente a obligatorio). 'Impone liturgias verbales' = establece ritos de pertenencia por medio del lenguaje (eufemismos, pronombres, consignas, declaraciones públicas) cuya omisión te excluye. 'Convierte la benevolencia en dogma' = transforma la compasión en obligación ideológica donde disentir te convierte en dañino; 'y la santidad en amenaza social' = la obediencia bíblica es tratada como intolerancia. Una vez catequizada así la conciencia, la tecnología solo ejecuta: códigos, apps y credenciales administran la nueva moral;* **cualquier dispositivo sirve.**

de masas, pero ninguno logró esa convergencia total de culto, economía y ley que describe Apocalipsis 13–14. Cada caso deja lecciones: la historia es un taller de anticristos; el final será la graduación del alumno más aplicado.

**¿Entonces qué hacemos con el impulso de señalar?** Lo educamos. He aquí una higiene escatológica que separa el discernimiento de la paranoia:

1. No fuerces el texto al titular. Si necesitas torcer un versículo para que encaje con tu sospecha, tu sospecha es el problema. La Escritura se interpreta con la Escritura, no con memes.

2. Distingue símbolo de persona y sistema. La Bestia es poder político-religioso personificado; el Falso Profeta es aparato religioso-propagandístico; el Dragón es Satanás. No disfraces odios personales de exégesis.

3. Sigue los cinco rastros, no uno: (a) diplomacia que pacta y garantiza paz, (b) profanación de lo santo, (c) catequesis pública que reescribe el bien y el mal, (d) señales que legitiman el relato, (e) control de compra/venta como examen de lealtad.

4. Observa el permiso moral. La Bestia no nace de un truco tecnológico, sino de una cultura que ama la mentira útil. Si la sociedad exige "afirmaciones" públicas para dejarte vivir, el horno está encendido.

5. Revisa tus afectos. Quien disfruta acusar, tarde o temprano acusará mal. El discernimiento cristiano huele a compasión y a fuego santo, no a morbo.

6. Ama la verdad más que tu tribu. Si tu bando se equivoca, dilo. El impostor vive de tribus que prefieren ganar discusiones a obedecer a Cristo.

La obsesión por la cédula del impostor también es teológicamente miope. El prefijo anti no solo significa "contra", sino "en lugar de". El proyecto no es pelear con Cristo, es usurparlo: una encarnación falsa (poder sacralizado), un Pentecostés falso (prodigios mentirosos), un sacramento falso (marca), una misión falsa (propaganda mundial), una comunión falsa (censo de lealtades). Si entiendes esa parodia, no necesitas saber si el candidato nació en tal ciudad; necesitas oler cuándo la política exige adoración, cuándo la religión vende gracia, cuándo la economía compra conciencia, cuándo la cultura canoniza pecado y rebautiza la culpa como "salud mental". Ahí está el humo del altarcito.

En nuestra generación, esa parodia ya tiene arquitectura concreta y horario fijo: el ecosistema digital. El algoritmo orquesta y vigila, la plataforma-Estado-corporación encarna y ejecuta, y la maquinaria persuasiva de pantallas y notificaciones "hace hablar la imagen". No es ciencia ficción: es discipulado por goteo. La pregunta honesta no es si usas tecnología, sino quién te catequiza a diario.

La Escritura no menciona algoritmos, pero sí el mandato cultural: "Hagamos al hombre a nuestra imagen… y señoree" (Génesis 1:26–28). La técnica —téchnē, destreza— nació como instrumento que exige participación integral (mente, corazón, fuerzas) y amplifica capacidades humanas. El problema es cuando el instrumento degenera en dispositivo que hace por mí lo que debería entrenar en mí. "Amarás al Señor tu Dios con todo tu corazón, con toda tu alma, con toda tu mente y con todas tus fuerzas" (Marcos 12:30). Bien ordenada, la tecnología ayuda a amar así; desordenada, suplanta y des-entrena.

Apocalipsis 13 describe una imagen que "habla" y condiciona la vida común "para que ninguno pudiese comprar ni vender, sino el que tuviese la marca" (Apocalipsis 13:15–17). Ayer fueron templos del Imperio; hoy son templos de vidrio en el bolsillo. La notificación es campanilla, el scroll es procesión, el like es sacramento de pertenencia. No hace falta tatuaje visible: basta frente (atención) y mano (prácticas) capturadas por una lealtad rival.

Daniel ya lo había visto en borrador: imagen dorada + música + genuflexión (Daniel 3); decretos que prohíben orar salvo al poder de turno (Daniel 6). Ninguna escena agotó la profecía, pero todas vacunaron contra la ingenuidad. Patrón: cuando una autoridad —sea Estado o plataforma— pretende monopolio moral, administrar perdón y condicionar economía de conciencias, huele a Babilonia, aunque cambie de idioma.

Ahora, el bien y el daño. Bien usada, la tecnología expande misericordia y sabiduría: Escritura en audio camino al trabajo, coordinación diaconal, accesibilidad para el débil, productividad que libera tiempo para presencia, creatividad y servicio. "La palabra de Dios no está presa" (2 Timoteo 2:9). "Llevad los unos las cargas de los otros" (Gálatas 6:2). Mal usada, coloniza la atención y atrofia la voluntad: "Todo me es lícito; mas no me dejaré dominar de ninguna" (1 Corintios 6:12). Aísla familias sentadas en la misma mesa: "Hierro con hierro se agusa" (Proverbios 27:17), pero sin fricción no hay pulido. Degrada la sexualidad con pornografía pedagógica del desprecio: "Si tu ojo te es ocasión de caer, sácalo" (Marcos 9:47). Erosionan verdad y juicio con medias verdades virales y deepfakes: "No os conforméis a este siglo, sino transformaos por medio de la renovación de vuestro entendimiento" (Romanos 12:2). Y ensaya condicionamientos económicos que mañana podrían volverse examen de lealtad.

Prueba exprés: ¿me entrena o me reemplaza? ¿me vuelve más presente en casa e iglesia o más ausente? ¿amplifica virtudes o vicios? Donde veas lo segundo, aplica Mateo 5:29–30 sin romanticismos: corta. Practica una regla de vida digital: Palabra antes de pantalla (Salmo 5:3), mesa sin pantallas, sabat digital semanal, notificaciones en cero y pantalla en escala de grises, ventanas fijas para mensajería, IA como asistente y no autor (sirve para bosquejar, no para suplantar corazón), lecturas largas en papel para músculo de atención, presencia encarnada semanal (abuelos, enfermos, hermanos), y rendición de cuentas honesta: ¿qué te dominó? ¿a quién serviste?

Tres urgencias pastorales:
1. Mesa hiperpantalla. Caja común para teléfonos, un salmo en voz alta, conversación guiada y oración breve. Sin eso, la familia aprende a mirar afuera y no a los ojos.
2. Noviazgo virtual "perfecto". IA que nunca contradice no es amor, es narcisismo asistido. El matrimonio no será con un algoritmo sumiso, sino con un pecador al que hay que amar de verdad.
3. Púlpito subcontratado. Bosquejos impecables sin lágrimas ni rodillas producen iglesias informadas, no transformadas. La IA te entrega datos; no ora por ti. "Se perseveraba en la doctrina… en la comunión… y en las oraciones" (Hechos 2:42).

Mirada final del injerto: nos convertimos en lo que contemplamos. "Mirando… la gloria del Señor, somos transformados… en la misma imagen" (2 Corintios 3:18). Por eso, antes de preguntar qué te muestra el teléfono, pregúntate a quién miras. Si tus ojos, tu frente y tus manos pertenecen al Cordero, ningún sistema —por seductor o total que parezca— podrá marcarte por dentro. Y si hoy descubres vacío, no busques otra app: vuelve a Cristo. Él no te entretiene: te hace humano.

Alguien replicará: "Pero Jesús dijo que miráramos las señales". Exacto. Señales, no chismes. Dijo: "Mirad que nadie os engañe", y llamó "abominación desoladora" a un acto visible de profanación. Señal no es "mi intuición de WhatsApp"; señal es cuando el poder redefine oficialmente lo sagrado, cuando la mentira recibe sacramento público, cuando la lealtad civil se vuelve rito, cuando el pan depende de la confesión del día. El resto son fuegos artificiales.

¿Y el cristiano común, el que no colecciona manuales de cronologías? Vive mejor que el experto nervioso. No necesita un mapa para cada esquina si camina de la mano del Señor. Santidad para no vender el alma por pertenencia, sobriedad para no consagrar rumores, servicio para que el prójimo huela a Cristo y no a pánico, esperanza para no temblar con cada decreto. Daniel hizo su trabajo bajo cuatro reyes sin arrodillarse; los apóstoles predicaron bajo Nerón sin llamar Nerón al Hijo de Perdición en cada sermón; los reformadores no temblaron ante edictos que pretendían administrar perdón; los mártires modernos cantaron en cárceles donde la política se hacía misa. No eran ingenuos: eran santos.

Hay un retrato menos glamoroso y más eficaz que cualquier lista negra: el santo que no negocia su lenguaje. Llama pecado al pecado sin insultos, llama gracia a la gracia sin rebajas, llama Señor a Jesús sin subterfugios. Ese hombre o esa mujer estorba más que cien trinos virales, porque el sistema no sabe qué hacer con alguien que no compra ni vende su conciencia. La obsesión por desenmascarar al impostor afuera suele esconder la flojera de enfrentar al impostor de adentro: ese yo que quiere quedar bien con todos, que cambia de vocabulario para encajar, que acepta el aplauso como sacramento y el silencio como diezmo.

No se trata de bajar la guardia. Se trata de guardarla en el lugar correcto. Si mañana un líder carismático aparece como garante de paz, reordena el culto en nombre de la convivencia, exige afirmaciones públicas para operar, legitima su relato con prodigios y convierte la compra/venta en examen de lealtad, no necesitarás hurgar su biografía: sabrás quién es por su liturgia. Hasta entonces, no regales tu paz a la quiniela profética.

Y si te descubres inquieto, más pendiente del impostor que del Cordero, haz el camino que salva: vuelve a Cristo. Dile la verdad que no te atreves a decir en voz alta: "Señor, he amado la conjetura más que tu Palabra; he buscado villanos para no mirar mi propio corazón; he usado tu nombre para mis ansiedades". Él no te expondrá al escarnio; te sanará. Te recordará que su yugo es fácil y ligera su carga; que su paz no depende de quién gane una elección; que su reino no está en oferta; que su marca es el sello del Espíritu, no un código de barras; que su mesa no pregunta por tu reputación, pregunta por tu fe. El mundo seguirá en modo espectáculo. Tú no. Comerás pan con gratitud, trabajarás en paz, educarás con Biblia abierta, amarás a tu enemigo, honrarás a la mujer, guardarás tu cuerpo para Dios, darás lo que puedas, recibirás lo que venga, y, cuando la música del imperio pida que te levantes a aplaudir, te quedarás sentado con una sonrisa que no es burla, es libertad.

Obsesionarse con la identidad del impostor es, al final, una coartada elegante para no obedecer al Señor. El control de los hombres —cuando llegue a su máxima arrogancia— seguirá siendo préstamo. El señorío de Cristo, en cambio, no caduca. Por eso no jugamos a detectives de la bestia; vivimos como testigos del Cordero. Y donde hay testigos que aman la verdad, los impostores envejecen rápido. Porque no hay propaganda que pueda con una conciencia limpia, ni marca que supere el nombre que fue invocado sobre nosotros, ni trono prestado que desaloje al Rey que murió y resucitó.

## ATERRIZAJE ESCATOLÓGICO

El impulso de "ponerle nombre al impostor" entretiene, pero distrae. La profecía pide amar la verdad y reconocer el patrón: diplomacia seductora que deriva en profanación, catequesis pública que vacía palabras bíblicas, señales que legitiman el relato, condicionamiento económico de la lealtad y exigencia de adoración civil-religiosa. Quien calce esos cinco zapatos con aplauso de las naciones, ese es. Antes de eso, hay ensayos que requieren vigilancia sobria.

Señal no es intuición viral; señal es poder que redefine oficialmente lo sagrado, canoniza la mentira y condiciona el pan a la ortodoxia del día. Ahí la respuesta es conocida: obedecer a Dios antes que a los hombres, mantener lenguaje fiel, cuidar la mesa y sostener al prójimo. Santo que no negocia su vocabulario ni su conciencia estorba más al sistema que cien detectives de la bestia.

Educar el impulso a señalar y volcarlo en santidad pública, mutualidad y gramática fiel mantiene el corazón enfocado en el Cordero. Cuando el impostor final entre en escena, encontrará un pueblo de pie.

## CAPÍTULO 15

# INTELIGENCIA SIN SANTIDAD
## GEOPOLÍTICA DEL CONTROL Y
# LA VIGILIA DE LOS SANTOS

Si el capítulo anterior desmontó la obsesión por el rostro, este expone las manos que mueven el telón: tecnologías, burocracias y alianzas que prometen protegerte mientras reclaman formar tu conciencia, administrar tu pan y editar tu lenguaje. No hacen falta fábulas: basta mirar cómo convergen dinero programable, identidades digitales, economía de la dopamina, censura terapéutica, bioseguridad permanente, sellos éticos que regulan comercio, catequesis mediático-educativa, capellanías del poder, puntos de estrangulamiento y oráculos de IA. Daniel lo vio como culto civil y decretos sobre la oración; Juan, como adoración forzada y compra/venta condicionada. Hoy, las piezas se ensamblan con etiquetas amables.

**EL DINERO PROGRAMABLE:**
LA ESCLAVITUD DIGITAL DEL ALMA
CBDC y Euro Digital: Tu dinero dejará de ser tuyo en 2026

La humanidad no se dio cuenta del momento exacto en que el dinero dejó de sonar en las manos y empezó a respirar dentro de un servidor. Un día simplemente dejamos de contar monedas para comenzar a contar clics, y sin saberlo, entregamos el alma a un sistema que ya no necesitaba látigos ni barrotes: bastaba con un código. El hombre moderno, orgulloso de su libertad digital, no notó que había cambiado el pan por un algoritmo y el templo por una pantalla. Creyó que dominaba el dinero, pero era el dinero el que lo observaba, lo clasificaba y lo guiaba como oveja conectada al corral de la conveniencia.

El problema no empezó con la tarjeta ni con el QR: empezó en el Edén. La serpiente vendió "autonomía" envuelta en promesa de conocimiento, y desde entonces el ser humano repite el mismo libreto con distinta tecnología. Ayer fue "seréis como Dios"; hoy es "tendrás control total desde tu teléfono". Ayer se comió del fruto prohibido; hoy se come el cuento de que la verdadera seguridad está en que una autoridad anónima pueda ver todo, saber todo, aprobar todo. El viejo pecado ahora viene en versión beta, actualizable y con términos y condiciones que nadie lee.

Las llamadas "CBDC", monedas digitales de los bancos centrales, se presentan al mundo como progreso inevitable. Suena tan moderno, tan limpio, tan racional, que cuesta sospechar del monstruo que ocultan. ¿Quién podría oponerse a un dinero más rápido, más seguro y más transparente? Pero como toda gran mentira tecnocrática, la virtud es solo el disfraz. Detrás del lenguaje de la eficiencia, lo que se construye es una prisión invisible. Cuando desaparezca el efectivo —y todo indica que ocurrirá antes de 2026— no solo morirá la privacidad económica: morirá la libertad como la conocíamos.

Porque el efectivo tiene un defecto gravísimo a los ojos del sistema: no chivatea. No reporta por quién votas, a qué iglesia diezmas, qué libro compras ni a qué causa apoyas. No tiene opinión. Una CBDC sí. Cada compra dejará una huella digital; cada donación, cada ofrenda, cada taza de café dirá algo sobre quién eres, qué piensas y cuánto mereces conservar. El dinero programable no se limitará a medir el valor de las cosas, sino el valor moral del individuo. Si gastas de más en gasolina, si opinas mal de la agenda oficial o si simplemente compras en el lugar equivocado, un algoritmo podrá suspenderte como quien desconecta un cable defectuoso. No habrá necesidad de perseguir al disidente: bastará con congelarle la billetera.

Aquí es donde el concepto "programable" se vuelve escalofriante. No es solo que el dinero sea digital; es que alguien pueda decidir para qué sí y para qué no se puede usar tu saldo. Hoy te lo venden como "no podrás comprar drogas, armas ni financiar terroristas". Mañana la lista crece: "no podrás apoyar a este ministerio, a esta obra misionera, a este candidato, a esta marcha, a este medio independiente". Hoy son causas lógicas; mañana será todo lo que huela a desobediencia al relato oficial. El dinero deja de ser herramienta neutral y se convierte en bozal sofisticado.

Y mientras la mayoría se entretiene con la comodidad del pago sin contacto, las élites globales —ONU, FMI, BIS, BCE, WEF, las grandes tecnológicas y los fondos de inversión que las amamantan— avanzan en la construcción de un sistema mundial donde la obediencia será la nueva moneda. Lo llaman inclusión financiera, pero su verdadera naturaleza es exclusión espiritual: quien no adore la imagen del sistema quedará fuera del mercado. No es nuevo; el libro del Apocalipsis lo advirtió hace dos milenios: "Y hacía que a todos, pequeños y grandes, ricos y pobres, libres y esclavos, se les pusiese una marca… y que ninguno pudiese comprar ni vender sino el que tuviese la marca".

Fíjate en el orden bíblico: primero viene la adoración, luego el comercio. Primero la marca de lealtad, luego el permiso para comprar y vender. Lo que para el tecnócrata es una innovación económica, para el creyente atento es una liturgia anticristiana. El mundo financiero, sin declararlo, ha entrado en el terreno de la fe. El dinero programable no solo te dirá qué puedes comprar, sino en quién debes creer. Bajo el lema de "protección del planeta", limitarán tus viajes; bajo la excusa de "salud pública", controlarán tu dieta; y bajo la consigna de "seguridad digital", registrarán tu alma. El ciudadano dejará de ser un sujeto libre para convertirse en un número obediente dentro de una red de crédito social global.

Babel 2.0 no se construye con ladrillos, sino con bases de datos. El panóptico de Bentham dejó de ser un diseño de cárcel para convertirse en diseño de sociedad: cámaras, sensores, historiales de compra, geolocalización, todo interconectado con un numerito que dice si eres "fiable" o "peligroso" para el bien común. A la vieja usanza, la Iglesia que predicaba contra el pecado era vista como incómoda; en la nueva versión, será vista como amenaza para la estabilidad financiera y emocional del rebaño digital. Y cuando eso ocurra, la presión no será solo sobre el púlpito, sino sobre la pasarela de donaciones.

Culturalmente, el fenómeno es fascinante y trágico a la vez. Venimos de una civilización que veneraba la libertad como don divino, y ahora adoramos la comodidad como derecho tecnológico. Cambiamos la ética por el algoritmo, la confianza por la contraseña. Nos enseñaron a desconfiar del prójimo y a confiar en la máquina. La cultura occidental, que nació mirando al cielo, hoy mira al código binario buscando salvación. Y el resultado es un hombre sin alma, una sociedad sin rostro y una generación dispuesta a renunciar a todo, menos al Wi-Fi. La Biblia decía "no tendrás dioses ajenos delante de mí"; el siglo XXI responde con honestidad brutal: "no tengo dioses… pero sin señal me muero".

Económicamente, el dinero digital es el sueño húmedo del control central. Con las CBDC no habrá evasión posible, ni resquicio para la caridad anónima. Todo ingreso será monitoreado; cada impuesto, deducido automáticamente; cada multa, cobrada al instante. El Estado será tu banco, tu patrón y tu confesor. Lo llamarán "economía verde", "transición justa", "sostenibilidad inclusiva", pero será un feudalismo de chips y pantallas donde la tierra pertenece al código y el siervo al sistema. José en Egipto administró grano para salvar vidas; las nuevas faraones digitales administrarán datos para domesticar conciencias.

Psicológicamente, el ciudadano moderno ya fue entrenado para aceptar este dominio. Después de décadas de consumo compulsivo y dependencia tecnológica, la humanidad teme más a la desconexión que a la esclavitud. Prefiere un botón que le prometa seguridad a una libertad que le exija responsabilidad. No soporta la idea de perder puntos, seguidores, acceso, descuentos, millas. Por eso las CBDC prosperarán: porque la mayoría no quiere ser libre, quiere estar cómoda. No habrá rebelión, habrá resignación digital. Y para los pocos que levanten la voz siempre tendrán etiquetas listas: "extremista", "fanático", "desinformador", "peligro para la democracia". El látigo es nuevo, pero la coreografía es la misma.

Desde la sociología de la fe, el escenario es claro: se está cambiando el concepto de virtud. Antes, virtud era obedecer a Dios aunque el mundo no entendiera. Ahora virtud es obedecer al consenso aunque Dios no esté invitado a la reunión. El crédito moral ya no se mide por santidad, sino por alineamiento. Y como la Biblia estorba, la pasarán por el filtro de "discurso de odio" hasta vaciarla de dientes y dejarla como decoración de hotel. Eso sí: la frase "amarás al prójimo" la pondrán en todas las paredes, pero arrancada del contexto que dice "amarás al Señor tu Dios por encima de todo".

Espiritualmente, sin embargo, el control total tiene un límite: la conciencia redimida. Cuando el poder quiera imponer la obediencia absoluta, el alma que ha sido transformada por Cristo sabrá discernir la trampa. Porque quien ha conocido la libertad del Evangelio no se somete al miedo, ni al código, ni al crédito social. La fe no se programa, ni se codifica, ni se confisca. El que fue comprado por la sangre del Cordero sabe que su identidad no está en el "score" del sistema, sino en el Libro de la Vida. Y si hace falta perder acceso para no perder el alma, el verdadero discípulo sabrá decir "no" con lágrimas, pero sin negociación.

Aquí es donde la escatología deja de ser teoría para convertirse en decisión. Apocalipsis 13 no se dio para alimentar chismes de conspiración, sino para preparar santos que amen la verdad más que la supervivencia cómoda. La marca de la bestia no empieza el día que te ofrezcan un chip; empieza el día que aceptas vender tu conciencia a cambio de acceso. Empieza cuando cambias el vocabulario bíblico por la neolengua del sistema, cuando llamas "bien al mal y mal al bien" para no perder reputación. Empieza cuando revisas tu cuenta bancaria más que tu corazón.

En el fondo, la batalla no es por el dinero, sino por la adoración. Las CBDC son apenas el instrumento visible de un proyecto más antiguo: reemplazar la soberanía de Dios por la del hombre. Es la repetición del mismo pecado original, ahora con inteligencia artificial y apariencia de sostenibilidad. El Edén ha sido sustituido por un metaverso donde el hombre pretende ser dios y termina siendo esclavo de su propio diseño. Y ojo: el problema no es que el sistema sea poderoso; el problema es que muchos cristianos ya están dispuestos a obedecerlo antes de que les pida algo.

Pero hay una esperanza, y no está en las criptomonedas ni en las cuentas en el extranjero. Puedes diversificar, puedes ser prudente, puedes ahorrar; hazlo. Pero no pongas tu fe en el hardware. La esperanza está en aquel que dijo: "Conoceréis la verdad, y la verdad os hará libres". La única economía que no colapsa es la del Reino. Allí el oro no se oxida, la deuda está saldada y el tesoro se guarda en el corazón, no en la nube. Cuando

Cristo es tu Señor, ninguna moneda puede programar tu obediencia, porque tu valor no depende del saldo, sino de la sangre que te compró.

Mientras el mundo te ofrece "seguridad" a cambio de obediencia, Cristo ofrece perdón a cambio de rendición. El sistema dice: "firma aquí, repite esto, piensa así y podrás comprar". El Evangelio dice: "cree en el Señor Jesucristo, y serás salvo". El sistema te presta identidad con intereses; Jesús te da nueva identidad por gracia. El sistema maneja tu historial para humillarte o premiarte; Jesús toma tu historial, lo clava en la cruz y te viste de Su justicia. El sistema te puede cerrar la cuenta; Cristo te abre la puerta del Reino.

Así que cuando el mundo te ofrezca comodidad a cambio de control, recuerda que la fe siempre fue el último refugio de los hombres libres. No temas al sistema que puede congelar tu cuenta, teme perder el alma por miedo al sistema. Aprende a vivir con menos "comodidades" si hace falta, pero no vivas ni un día sin la seguridad de estar en Cristo. Porque el dinero programable podrá comprar silencio, pero jamás podrá comprar salvación.

Y el día que el apagón no sea de luz ni de datos, sino del sistema que se creía dios, el único saldo que importará será este: si tu nombre estaba escrito, no en la base de datos del banco central, sino en el Libro de la Vida del Cordero.

Lo que hace unos años sonaba a teoría conspirativa hoy tiene fecha, siglas y sede. Mientras el ciudadano medio sigue pensando en "tarjeta o efectivo", en Bruselas y en otros centros financieros se cocina una sincronización histórica: miles de bancos migrando de un sistema de mensajería financiera antiguo a un nuevo estándar digital capaz de hablar el idioma de la tokenización, de los contratos automáticos y de las monedas programables. No hace falta inventar nombres raros: es el ecosistema que permitirá que el euro digital, el dólar digital y sus primos tecnocráticos respiren el mismo aire y viajen a la misma velocidad.

La promesa es seductora: pagos instantáneos, menos costos, más eficiencia, trazabilidad total. El peligro es el mismo que en la torre de Babel: que el lenguaje unificado se convierta en herramienta de dominación, no de servicio. Un estándar común que, en manos sabias, podría facilitar comercio y ayuda humanitaria; pero que, en manos de un poder sin frenos, puede traducirse en una sola cosa: condicionamiento global de la vida económica.

El euro digital no es solo una app bonita del banco central; es la posibilidad real de que un día alguien decida, desde un escritorio, cuánta carne puedes comprar en nombre del clima, cuántos kilómetros puedes viajar en nombre de la huella de carbono, qué organizaciones puedes apoyar en nombre de la "seguridad" y qué opiniones te van cerrando puertas en nombre de la "convivencia". No se trata de sembrar pánico, sino de reconocer que el camino que va del efectivo anónimo al token condicional no es neutro: es un corredor que puede usarse para justicia o para esclavitud.

Las CBDC son la herramienta perfecta para que "que ninguno pudiese comprar ni vender" deje de ser una frase remota y se vuelva política pública: no porque aparezca de pronto un tirano caricaturesco, sino porque una humanidad cansada y dopada por la comodidad entregue gustosa el último espacio de libertad que le quedaba: la posibilidad de decir que no sin morir de hambre. Por eso el problema no es solo técnico, es espiritual. Una sociedad que ha dejado de amar la verdad y ha aprendido a llamar "progreso" a cualquier cosa que le simplifique la vida, aunque degrade la conciencia, será presa fácil del día en que el sistema le ofrezca pan a cambio de adoración. El control financiero no es el fin de la historia, pero sí es uno de los cables que conectan la bestia con el bolsillo.

**Dinero programable**. Pasar del efectivo anónimo al token condicional, dijimos ya, convierte el intercambio en permiso. El pan deja de ser don y trabajo para ser recompensa por buen comportamiento. "Que ninguno pudiese comprar ni vender" deja de sonar remoto cuando la transacción puede negarse por criterios ajenos al precio.

**Identidades digitales**. La buena administración de datos se convierte en teología cuando el acceso a servicios depende de afirmaciones ideológicas. Daniel 6 actualizado: no ore usted sino por el decreto vigente, o quede fuera del circuito.

**Economía de la dopamina**. Plataformas que optimizan minutos cautivos convierten tu atención en altar. El adulterio espiritual hoy se oficia con miradas, no con becerros. "Hijos, guardaos de los ídolos" se escribe en pantalla táctil.

**Censura con rostro terapéutico**. Se promete "seguridad" para delegar el monopolio moral. La verdad se vuelve licencia temporal: el falso profeta ya no truena; atiende un helpdesk.

**Bioseguridad permanente**. Lo excepcional se normaliza. Es prudente cuidar la salud; es idólatra sacralizar protocolos hasta subordinar conciencias.

**Sellos éticos que regulan comercio**. Certificaciones y puntajes sirven para el bien común cuando son transparentes y voluntarios; se vuelven liturgia de expulsión cuando definen el pan por la confesión del día.

**Sinfonía mediático-educativa**. Currículos, series, titulares y playlists reescriben pecados como identidades y culpa como trauma. Catequesis coral con examen semanal.

**Capellanías del poder.** Alianzas religiosas de prestigio a cambio de relativizar el evangelio: el falso profeta con smoking.

**Puntos de estrangulamiento.** Energía, granos, chips, rutas, nubes. José administró grano para vida; Babilonia para sumisión. La técnica no crea el corazón; solo lo amplifica.

**Oráculos de IA.** Útiles como instrumentos; peligrosas como dispositivos que nos enseñan obediencia sin deliberación y nos invitan a tercerizar la conciencia. Delfos con estética minimalista.

Todo esto no prueba que mañana amanezca "el hombre de pecado"; sí muestra que el templo está en obra. Y aquí entra la clave: inteligencia sin santidad. La brillantez técnica sin temor de Dios construye Babel más alto, diseña ídolos interactivos y perfecciona el condicionamiento de conciencias. El viejo pecado aprendió machine learning.

## Ejemplos históricos puntuales (selección didáctica).

El culto imperial romano exigía incienso a César como prueba de lealtad: política mistificada. Antíoco IV profanó el templo con liturgia imperial: religión colonizada. Regímenes totalitarios del siglo XX mezclaron propaganda, racionamiento y delación vecinal: economía, culto y ley en una sola misa laica. Sistemas de pases (internos o raciales) mostraron cómo la movilidad se vuelve premio por adhesión. Racionamientos y libretas atadas a obediencia política probaron que el pan puede ser herramienta catequética. Experimentos modernos de puntuación social y vigilancia ubicua exhiben el anhelo perenne de "ordenar" el alma desde arriba. Ninguno agotó Apocalipsis 13; todos ensayaron su liturgia.

El núcleo teológico: idolatría de la atención. Donde pones los ojos, va el corazón; donde va el corazón, camina la mano. Frente, pecho y palma. La marca no empieza en la piel; empieza en la liturgia invisible de cada día. Si la cultura reclama tu atención total para otorgarte pertenencia, ha usurpado un atributo de Dios. Eso es adulterio espiritual.

## Contraliturgia para santos en tiempos de control

- Santifica el lenguaje: pecado no es identidad, arrepentimiento no es violencia, gracia no es licencia, misericordia no es complicidad, justicia no es venganza.

- Forma instituciones fieles: hogares, iglesias, escuelas con presencia real —ojos a los ojos, mesa sin pantallas, Biblia en voz alta, himnos que catequizan afectos.

- Practica economía de prudencia: ahorro, ofrenda, generosidad, oficios reales que resisten apagones.

- Alfabetiza digitalmente a niños y abuelos: dopamina, vergüenza viral, manipulación de imágenes, desmontaje de narrativas.

- Mantén reglas comunitarias frente a tokenización del pan: diversidad de canales, transparencia, auditoría, voz profética cuando el "bien" coloniza conciencias.

- Lealtad primaria al Señor: si un sello político, sanitario o empresarial exige afirmaciones contrarias a Cristo, dices no.

- Púlpito encarnado: estudia con IA si ayuda; predica con rodillas.

- Amistades de pacto: la santidad es imposible en soledad.

- Ayuno de consensos: no opines de todo; di sí/sí, no/no.

- Esperanza robusta: el telón no cae en consejo directivo; cae con Caballo Blanco.

## Doctrina del Reino venidero y realismo moral del milenio

La Escritura enseña que Cristo vuelve, que los muertos resucitan, que el mal es juzgado y que habrá un reino. Apocalipsis 20 afirma que Satanás será atado por mil años para que "no engañe más a las naciones" y que los santos reinarán con Él. También confirma una verdad incómoda y necesaria: aun sin el diablo, el hombre pecará. En ese período, nadie podrá culpar a Satanás por sus pecados; quedará expuesto el corazón. Al final, cuando el adversario sea soltado por breve tiempo, se evidenciará quién amó la verdad. Luego vendrá la consumación: juicio, derrota total del mal, cielos nuevos y tierra nueva. Esta esperanza vacuna contra la histeria y nos pone a trabajar en paz.

## Cierre pastoral de vigilancia gozosa

Si notas que te cuesta mirar lejos porque tu atención está casada con el feed; si te seduce aceptar una "afirmación" para no perder acceso; si te descubres tercerizando la conciencia a una pantalla, no te condenes; vuelve. El Señor no busca robots de santidad, busca esposos fieles.

Mira al Cordero. Sus manos llevan cicatrices, no sensores. Su marca sella, no esclaviza. Su voz llama, no programa. Y cuando suene la música del imperio para que te levantes a aplaudir, que el cielo te encuentre en pie para Cristo o sentado en santa desobediencia, con los sentidos despiertos, como quien ya huele la mañana del Rey que viene. Porque viene. Y con Él, reinarás.

## ATERRIZAJE ESCATOLÓGICO

La técnica se vuelve peligrosa cuando sustituye los músculos del alma que Dios mandó ejercitar: mente que discierne, corazón que ama, fuerzas que sirven. Dispositivos que deciden por ti, algoritmos que amasan tus afectos y asistentes que ahorran conversación, memoria y paciencia hacen eficiente para producir y torpe para amar. Ese desentrenamiento prepara la frente y la mano para aceptar sin examen las liturgias del día.

El uso sabio de la técnica fortalece la vigilancia profética: preferir instrumentos que exigen mente y corazón (leer, escribir, cultivar, conversar, crear), practicar ayunos de pantalla, recuperar la mesa, aprender oficios reales, ejercer hospitalidad y vivir en comunidad que corrige y consuela. Ese ecosistema resiste mejor que cualquier cruzada de pánico.

Aun cuando el tentador sea atado y Cristo reine, el pecado persistirá en corazones no regenerados. La raíz no es solo "el sistema"; es el interior. Ensayar ahora una humanidad refigurada permite decir no sin odio y sí sin teatro cuando llegue la presión. Y eso, en cualquier siglo, desarma al titiritero.

## APÉNDICE PRÁCTICO

# Vigilancia financiera-digital para iglesias y familias

(checklist accionable)

1. Mapa de dependencia. Haz inventario de plataformas críticas: donaciones, banca, mensajería, streaming, correo, almacenamiento, pagos. Señala un Plan B para cada una.

2. Diversificación de canales. Dos pasarelas de donación; banca en más de una entidad; mensajería redundante (correo + SMS + lista de difusión).

3. Criterios de proveedores. Lee términos sobre "conducta/odio/contenido sensible". Define un umbral de objeción de conciencia económica: si cambian cláusulas que comprometen doctrina, migras.

4. Opciones offline. Ofrendas físicas; talonarios; registros locales; impresos para cultos si cae la nube.

5. Fondo de resiliencia. Reserva operativa de 3–6 meses en instrumentos líquidos; política de efectivo prudente para contingencias.

6. Seguridad digital. 2FA obligatorio; contraseñas con gestor; cifrado de archivos sensibles; copias de seguridad 3-2-1 (tres copias, dos medios, una fuera de línea).

7. Protección de datos de miembros. Minimiza lo que recolectas; define tiempos de retención; controla acceso por roles; capacitación anual.

8. Comunicación de emergencia. Árbol de contactos; mensajes modelo para caídas de servicio; calendario de pruebas trimestral.

9. Política de contenidos. Manual interno para publicaciones: qué, quién, cuándo; revisión pastoral; guía de respuesta a crisis y takedowns.

10. Auditoría anual. Revisa proveedores, cláusulas, costos, riesgos; simulacro de "corte de servicios" un domingo al año para medir resiliencia.

11. Educación financiera. Talleres de presupuesto, ahorro, generosidad, deudas; transparencia regular a la congregación.

12. Objeción de conciencia. Documento aprobado por ancianos/diáconos: líneas rojas doctrinales y operativas; protocolo de respuesta si un proveedor exige "afirmaciones" contrarias a la fe.

INTERLUDIO
ESCATOLÓGICO

# DEL CONTROL TOTAL A LA HORA UNDÉCIMA

## CAPÍTULO 16

# EL CLIMA COMO COARTADA
# EL "GREEN NEW DEAL"
## Y EL ENSAYO GENERAL DEL CONTROL ECOLÓGICO

Hay palabras que parecen inofensivas hasta que uno las mira con lupa histórica. "Nuevo pacto", "gran transformación", "reconstrucción verde" suenan a progreso, a futuro, a humanidad despertando. Pero si uno ya ha caminado por Babilonia, por Roma, por la Europa de los totalitarismos y por la aldea global del siglo XXI, sabe que detrás de muchos "nuevos tratos" no suele venir un abrazo, sino una correa. El llamado Green New Deal es una de esas palabras-bandera. Se vende como salvación climática y justicia social, pero toca los mismos nervios de siempre: energía, dinero, trabajo, vivienda, transporte, información y, al final, conciencia. Es decir, control.

En este capítulo no vamos a discutir si existe el cambio climático ni si hay que cuidar la creación. Eso es otra conversación. Lo que queremos ver es cómo se usa el clima como coartada para rediseñar sociedades enteras, y cómo el Green New Deal se convierte —en manos del progresismo estadounidense— en un laboratorio de control que encaja perfectamente en el paisaje global del control total que venimos describiendo en este libro.

No estamos hablando de un folleto local. El nombre "Green New Deal" ya se usa desde hace años en Europa y otros países como rótulo de propuestas que mezclan ecología, gasto público e ingeniería social. Pero en Estados Unidos tomó cuerpo político en febrero de 2019, cuando Alexandria Ocasio-Cortez y el senador Ed Markey presentaron la resolución "Recognizing the duty of the Federal Government to create a Green New Deal". Ese texto no solo enumera metas: fija una ventana temporal concreta, porque declara que los objetivos del plan "deben cumplirse mediante una movilización nacional de diez años". En términos prácticos, eso significa que el reloj propuesto arranca con la introducción oficial de la resolución el 7 de febrero de 2019 y apunta a un cierre aproximado hacia febrero de 2029 como horizonte de cumplimiento. Desde entonces ha sido reintroducida en el Congreso en varias ocasiones (2019, 2021, 2023) sin llegar a convertirse en ley, pero sí marcando la agenda y sirviendo de marco ideológico para otras piezas legislativas posteriores.

Y ese es el primer punto clave: aunque el Green New Deal no sea una ley cerrada, se ha convertido en algo más peligroso que una sola ley: una filosofía de gobierno. Un lente desde el cual se justifica redistribuir poder, dinero y autonomía "en nombre del clima".

## LA PROMESA: SALVAR EL PLANETA Y REPARAR LA HISTORIA

Si uno lee la resolución original y el material que la rodea, encuentra una combinación de objetivos ecológicos y objetivos sociales.

En resumen, el Green New Deal promete, en un plazo de alrededor de diez años:

– Llevar a Estados Unidos a cero emisiones netas de carbono,

– Transformar toda la matriz energética hacia fuentes "limpias, renovables y de cero emisiones",

– Reconstruir o rehabilitar la infraestructura del país (edificios, viviendas, redes eléctricas, transporte) para que sean energéticamente eficientes,

– Crear millones de empleos "verdes" con salarios "dignos", sindicalizados y con beneficios robustos,

– Garantizar a cada persona empleo, vivienda adecuada, salud, educación y "seguridad económica",

– Hacer todo esto con prioridad para comunidades "históricamente oprimidas": minorías raciales, pueblos indígenas, pobres, inmigrantes, etc.

Es decir, no es simplemente un plan climático. Es una especie de constitución económica alternativa donde el Estado asume el papel de proveedor central de empleo, vivienda, energía, movilidad y bienestar. La preocupación ecológica se fusiona con una agenda de justicia social radical, lo que permite vender el paquete no solo como necesidad técnica, sino como redención moral e histórica.

Desde la perspectiva de muchos activistas, esto es una virtud. Desde la perspectiva de este libro, es una combinación explosiva: miedo apocalíptico + culpa histórica + promesa mesiánica estatal. La mezcla perfecta para que el poder crezca sin resistencia.

EL COSTO COMO PANTALLA: LOS 93 BILLONES Y MÁS ALLÁ

En 2019, un análisis del American Action Forum calculó que las diferentes piezas del Green New Deal, tomadas en serio, podrían costar entre 51 y 93 billones de dólares en diez años. La cifra es discutible —porque la resolución original es vaga en detalles—, pero es útil como orden de magnitud: estamos hablando de un plan que podría multiplicar la deuda, desbordar cualquier escenario fiscal razonable y exigir niveles de impuestos, endeudamiento o emisión monetaria sin precedentes.

Los defensores responden que "no es un costo, es una inversión", o que "costará más no actuar que actuar". Esa retórica es vieja: los mismos argumentos se han usado para justificar guerras, programas masivos de bienestar, rescates financieros y toda clase de aventuras estatales. El problema no es que el Estado invierta; el problema es cuando la etiqueta "inversión" oculta lo que realmente se está comprando: no solo infraestructura, sino poder.

Macro-económicamente, un paquete de esa magnitud tendría varias consecuencias previsibles:

1. Fiscalidad agresiva: mayores impuestos directos o indirectos, especialmente a empresas, energía, herencias, capital y "lujos" definidos políticamente.

2. Endeudamiento estructural: más bonos del Tesoro, más dependencia de compradores externos (incluyendo rivales geopolíticos), más vulnerabilidad a cambios de tasas de interés.

3. Emisión e inflación potencial: presión para "monetizar" gasto, justificando la inflación como "precio necesario" para salvar el planeta.

4. Distorsión de precios relativos: sectores "favorecidos" por subsidios verdes frente a sectores castigados (combustibles fósiles, agricultura tradicional, ciertas manufacturas).

Micro-económicamente, la vida cotidiana cambia:

– La energía se encarece o se vuelve inestable durante la transición;

– El costo de la vivienda sube por exigencias de "eficiencia energética" y normas de construcción;

– Pequeños negocios enfrentan obligaciones regulatorias para las que no tienen capital;

– El ciudadano promedio ve cómo aumentan sus facturas de electricidad, transporte, alimentos, mientras le repiten que "está salvando al planeta".

El efecto combinado es claro: menos espacio de decisión real para el individuo, más dependencia de programas, ayudas y subsidios, y un nuevo tipo de chantaje moral: si te quejas del costo, "no te importa el futuro de tus hijos".

## NO ES SOLO ESTADOS UNIDOS: UNA MATRIZ GLOBAL

El Green New Deal estadounidense no existe en un vacío. Forma parte de una constelación de iniciativas similares, como el European Green Deal, adoptado como marco macro en la Unión Europea, que también plantea la neutralidad de carbono para 2050, enormes inversiones en transición energética y mecanismos como tarifas de carbono en frontera para disciplinar a países terceros.

Esto significa que no estamos ante un capricho de un ala del Partido Demócrata, sino ante una tendencia global: usar la agenda climática para rediseñar la economía mundial, reordenar cadenas de suministro, imponer nuevas normas financieras (ESG, taxonomías verdes) y condicionar el acceso a mercados y créditos.

En términos geopolíticos, esto tiene varias implicaciones:

– Competitividad: si Estados Unidos se impone a sí mismo estándares más duros que China o India, corre el riesgo de debilitar su industria mientras sus rivales siguen usando energía barata. Eso abre la puerta a más deslocalización, más dependencia de manufactura extranjera y más vulnerabilidad estratégica.

– Dependencia de materias primas "verdes": paneles solares, baterías, turbinas eólicas y otros equipos requieren minerales estratégicos (litio, cobalto, tierras raras) que se concentran en pocos países, algunos con regímenes autoritarios. Cambias dependencia de petróleo por dependencia de cadenas de suministro concretas.

– Alianza clima-tecnocracia-finanzas: bancos centrales, organismos internacionales y grandes fondos de inversión alinean sus criterios de préstamo, inversión y regulación con la agenda climática. Quien no se adapte, queda fuera del círculo del crédito y la liquidez.

En lenguaje sencillo: el clima se convierte en criterio de obediencia geopolítica. Si quieres tener acceso a capital, mercados y tecnologías, debes cumplir con los parámetros definidos por un pequeño grupo de potencias, burócratas y grandes corporaciones que se presentan como salvadores del planeta.

El Green New Deal norteamericano, aunque no sea ley, funciona como la versión estadounidense de ese catecismo global. La Inflation Reduction Act (2022) canaliza cientos de miles de millones de dólares en incentivos para energía "limpia", transporte eléctrico y otras piezas compatibles con la visión del Green New Deal, aunque presentadas bajo otro nombre. Es decir, aunque la etiqueta no siempre esté en la portada, la filosofía se filtra por otros canales.

## DE RESOLUCIÓN A ECOSISTEMA: LA LÓGICA DEL CONTROL

En el papel, el Green New Deal es una resolución. En la práctica, se ha convertido en:

– Marca política para determinados candidatos y movimientos (Sunrise Movement, activismo juvenil, alas socialistas del Partido Demócrata).

– Marco ideológico para otras leyes específicas: "Green New Deal for Public Housing", "Green New Deal for Cities", etc., como la propuesta reintroducida en marzo de 2024 para invertir entre 162 y 234 mil millones de dólares en vivienda pública electrificada y cero-carbono.

– Narrativa moral: quién está "del lado del planeta" y quién está "del lado de los contaminadores".

Es decir, aunque la resolución no pase, permanece como programa mental. Y cuando un proyecto deja de ser solo una ley y se convierte en matriz de pensamiento, ya no depende del voto de un día en el Congreso; se instala en agencias, presupuestos, currículos escolares, bancos, universidades y corporaciones.

Ahí es donde llegamos al corazón de este libro: el control total empieza cuando el ciudadano deja de ver una agenda como "una propuesta debatible" y la ve como "el único camino moralmente posible". A partir de ese momento, disentir ya no es discrepar: es ser enemigo del bien.

## LA MENTE QUE LO PROMUEVE: MIEDO, CULPA Y MESIANISMO

Detrás del Green New Deal hay personas concretas, biografías, traumas, aspiraciones. No son demonios, son seres humanos. Pero su psicología ayuda a explicar por qué este tipo de proyecto termina abrazando el control y no la libertad.

Podemos señalar al menos cuatro rasgos predominantes en la mentalidad que impulsa esta agenda:

1. Apocalipticismo secular

La lucha contra el cambio climático se formula en términos de "última oportunidad", "punto de no retorno", "colapso civilizatorio". Cualquier desacuerdo se percibe como negación suicida. Adolescencia espiritual de una sociedad que, al abandonar el temor de Dios, mantiene el instinto apocalíptico, pero lo traslada del Juicio final a las gráficas de $CO_2$. Muchos activistas realmente creen que no hacer "algo como el Green New Deal" significa acabar el mundo en pocas décadas.

2. Culpa histórica acumulada

Los mismos actores que hablan de clima suelen hablar también de racismo sistémico, colonialismo, patriarcado, capitalismo opresor. El Green New Deal se presenta así como una forma de "pagar deudas morales" con minorías y con la Tierra. Eso los coloca en una posición de cruzada: si cuestionas el proyecto, parece que estás negando esas injusticias.

3. Desconfianza profunda en el ciudadano medio

En sus discursos, el pueblo aparece como víctima; pero en sus diseños, el pueblo aparece como peligro. No confían en que la gente haga buenas elecciones si se le deja libre: temen que siga comprando coches de gasolina, comiendo carne -y no los gusanos que ellos quieren, usando gas, votando "mal". Por eso concluyen que el Estado debe guiar, corregir y, si es necesario, imponer. Se trata de una paternidad política permanente, donde la sociedad es tratada como menor de edad.

4. Sed de sentido mesiánico

Generaciones que han perdido la fe en Dios necesitan una causa que les dé la sensación de estar ayudando a Dios, "salvando al mundo". El Green New Deal llena ese vacío: ofrece una misión totalizante, heroica, urgente. Eso explica la intolerancia con el disenso: no están defendiendo solo una política; están defendiendo el sentido mismo de sus vidas.

A esto se suman actores menos idealistas y más cínicos: políticos que ven una oportunidad para consolidar clientelas electorales a través de subsidios y empleos "verdes"; corporaciones que descubren en la regulación una forma de eliminar competidores más pequeños; consultores, ONGs y burócratas que viven de administrar la nueva burocracia climática. El resultado es una alianza inquietante entre utopismo psicológico y oportunismo económico.

¿QUÉ ESPERAN LOGRAR DE LA POBLACIÓN SI ESTO SE APLICA?

Si el Green New Deal se implementara en su espíritu más amplio, el ciudadano promedio experimentaría una transformación gradual pero profunda de su relación con el trabajo, con el consumo, con la movilidad y con el Estado.

1. Ciudadanos dependientes de empleos "garantizados"

La promesa de empleo garantizado, con salario digno y beneficios, suena compasiva. En la práctica, crea una masa laboral ligada estructuralmente al Estado y sus programas. El empleador último deja de ser el mercado abierto y pasa a ser el aparato público. Eso reduce la autonomía, la creatividad empresarial y la capacidad de disentir: cuando tu salario depende del sistema, atacar el sistema te da miedo.

2. Consumidores vigilados por su "huella de carbono"

La lógica del Green New Deal encaja perfectamente con herramientas de medición digital (apps, tarjetas, identidades digitales), donde tu consumo de energía, tu transporte, tu dieta y hasta tus viajes se pueden registrar y "puntuar". No es fantasía: ya hay bancos que ofrecen calcular tu huella de carbono según tus compras, y propuestas de pasaportes de carbono circulan en foros globales. La transición de incentivo voluntario a obligación es un paso natural cuando se normaliza la idea de que tu comportamiento es una amenaza colectiva.

3. Propietarios constantemente regulados

Casas que deben cumplir estándares energéticos siempre crecientes, sistemas de calefacción y cocina que deben ser actualizados (por mandato) hacia modelos eléctricos, impuestos y penalizaciones para quienes "no se adapten". Todo ello requiere inspección, certificación y actualización constante, lo que genera un flujo estable de poder desde el hogar hacia las agencias reguladoras.

4. Iglesias, escuelas y organizaciones bajo presión

Edificios religiosos, colegios y ministerios también enfrentarán normas ambientales vinculantes para operar, acceder a fondos o mantener exenciones fiscales. Esto abre una nueva puerta para condicionar el ministerio bajo el argumento de "cumplimiento climático".

5. Un nuevo tipo de moral pública

Con el tiempo, se construye una ética social en la que "pecar" no es desobedecer a Dios, sino "contaminar", "consumir demasiado", "resistir la transición". El Green New Deal no solo cambia leyes; cambia vocabularios de culpa y de virtud. El buen ciudadano es el que se somete feliz a la nueva liturgia ecológica.

## LA GUERRA DE LOS RELATOS: KENNEDY, VIRALIDAD Y FICCIÓN DIGITAL

En noviembre de 2025 circuló en redes sociales un relato supuestamente basado en un video de C-SPAN donde el senador John N. Kennedy, republicano de Luisiana, habría "ejecutado" políticamente a AOC y Chuck Schumer leyendo en voz alta cifras devastadoras sobre el Green New Deal "2.0", sus costos y los supuestos privilegios económicos de los líderes progresistas. La historia incluía detalles dramáticos: el Senado en silencio "como funeral", carpetas marcadas "DEM RECEIPTS", trending global, millones de espectadores.

La fecha clave fue mediados de noviembre de 2025: el bulo se viralizó en torno al 10 de noviembre, y el 14 de noviembre de 2025 medios de verificación demostraron que no existía tal video, que muchos datos eran inventados con ayuda de herramientas de inteligencia artificial, y que la historia se había difundido desde páginas administradas fuera de Estados Unidos, con fines de monetización y agitación política.

¿Por qué es relevante este episodio para nuestro tema?

Porque muestra que la batalla en torno al Green New Deal se libra ya no solo en el Congreso, sino en la imaginación digital de millones de personas. Los mismos instrumentos que permiten a activistas construir narrativas épicas a favor del plan permiten a sus críticos inventar escenas que nunca ocurrieron, pero que "se sienten verdaderas" para los ya convencidos.

Desde la perspectiva del control, esto es doblemente peligroso:

– Por un lado, normaliza la idea de que la verdad factual es secundaria frente a la narrativa que refuerza mi bando.

— Por otro lado, justifica la tentación de los gobiernos de regular y vigilar cada vez más el discurso online en nombre de combatir la desinformación.

Así, una pelea por un proyecto climático termina alimentando la expansión de otro vector de control total: la regulación de la palabra.

## DE LA ECOLOGÍA AL CONTROL TOTAL: EL ENCAJE EN EL ROMPECABEZAS

Si miramos el Green New Deal desde lejos, lo vemos como una pieza más del rompecabezas global que este libro ha ido dibujando:

— Control financiero (sistemas bancarios, monedas digitales, endeudamiento crónico),

— Control tecnológico (vigilancia masiva, big data, algoritmos de perfilamiento),

— Control sanitario (capacidad de restringir movimiento y trabajo bajo emergencias médicas),

— Control informativo (plataformas, censura algorítmica, etiquetas de verdad oficial),

— Y ahora control ecológico (uso del clima como llave para reordenar toda la economía).

El Green New Deal se ubica en el cruce de varios de estos ejes: redefine la economía en nombre del clima, empuja a sistemas de medición y verificación permanente, necesita plataformas digitales para gestionar créditos, subsidios y obligaciones, y fomenta una cultura en la que disentir del consenso climático no es solo opinar diferente, sino ser peligroso.

Teológicamente, esto encaja con la lógica del corazón humano sin Dios: el deseo de "ser como Dios", definiendo el bien y el mal y administrando la vida de los demás. Sociológicamente, reproduce la vieja tentación de las élites tecnocráticas de "ordenar" a las masas desde arriba. Psicológicamente, satisface la necesidad de sentirse justo, necesario y superior.

Y sin embargo, el relato bíblico nos recuerda que Dios no le entregó la administración final de la creación ni al mercado ni al Estado, sino al Hijo. "Porque en Él fueron creadas todas las cosas… y todas las cosas en Él subsisten". Cuando el Estado pretende ocupar ese lugar, termina usando la creación como excusa para someter a las criaturas.

## UN CIERRE NECESARIO

Este capítulo no pretende convencerte de cada dato técnico del debate climático. Lo que quiere es entrenar tu mirada para que, cuando escuches palabras como Green New Deal, no te quedes solo en la superficie ecológica, sino que veas las implicaciones de libertad, dependencia, poder y control que van amarradas a ese paquete.

No es pecado instalar paneles solares, ahorrar energía ni buscar alternativas más limpias. Pecado es usar el miedo y la culpa para consolidar estructuras de dominación que convierten al ciudadano en menor de edad perpetuo y al Estado en un salvador que nunca se sacia. No es pecado llorar por la creación que gime; pecado es olvidar que la esperanza de la creación no está en una resolución del Congreso, sino en la manifestación gloriosa de los hijos de Dios, cuando el verdadero Rey haga nuevas todas las cosas.

Vendrán más propuestas, más "deals", más leyes que se vestirán de verde, de justicia y de futuro. Quien haya entendido el patrón no se dejará arrastrar ni por el pánico ni por la propaganda. Mirará los proyectos a la luz de esta pregunta fundamental: ¿esto fortalece la responsabilidad y la libertad de la persona y de la familia, o las entrega atadas a las manos de un aparato que quiere decidirlo todo?

Esa pregunta, en última instancia, no se responde solo con análisis técnico, sino con una postura del corazón frente a Dios. Un pueblo que adora al Creador puede cuidar la creación sin idolatrarla ni entregar su alma a los nuevos sacerdotes del poder. Un pueblo que ha cambiado la gloria de Dios por la imagen de la criatura terminará adorando cualquier cosa, incluso un plan climático de catorce páginas.

## CAPÍTULO 17

# CONTROL DEL DISCURSO
# CENSURA DIGITAL Y
# GUERRA CONTRA LA VERDAD

Hubo un tiempo en que callar a un cristiano requería carceleros, cadenas y edictos firmados con sello real. Hoy basta un clic. Antes se confiscaban imprentas; ahora se desmonetizan canales. Antes se quemaban Biblias en plazas; hoy se entierra la verdad bajo capas de "políticas de uso", "estándares de la comunidad" y "algoritmos de recomendación". La esencia es la misma: el sistema no soporta una voz que recuerde que no es dios y le disienta.

Este capítulo mira de frente ese nuevo rostro del viejo afán de control: la censura digital, el silenciamiento económico y la guerra cultural contra todo lo que huela a verdad bíblica. No para alimentar paranoia, sino para que el creyente de la hora undécima entienda qué está en juego cuando habla, escribe, predica, publica o comparte. No es solo reputación. Es adoración.

La Escritura ya nos había advertido del fenómeno: tiempos en que a lo malo llamarían bueno y a lo bueno, malo; en que pondrían tinieblas por luz y luz por tinieblas. Cambiar etiquetas morales nunca ha sido gratuito. Cuando se invierte el vocabulario, tarde o temprano se ajusta el castigo. Si decir "pecado" se vuelve violencia, y decir "arrepentimiento" se vuelve odio, el siguiente paso es evidente: castigar a quien no se actualice al diccionario oficial.

En Daniel 6, la censura vino disfrazada de devoción patriótica: durante treinta días, nadie podía pedir nada a dios ni hombre alguno, salvo al rey. El problema no era orar; era orar a alguien distinto del poder establecido. En Hechos 4 y 5, el decreto fue claro: "no habléis ni enseñéis en el nombre de Jesús". El problema no era hablar; era mencionar al único Nombre que desenmascara a todos los demás. En Apocalipsis 13, la presión sube de tono: la fidelidad al sistema no solo afecta qué se predica, sino qué se puede comprar o vender. El problema no es comerciar; es hacerlo sin doblar rodilla.

La modernidad tardía no se cansa de repetir esos patrones con ropa nueva. Hoy el rey se llama "consenso", el decreto se llama "política de contenido" y el verdugo viste traje de moderador de plataforma. El castigo rara vez llega con barrotes visibles; llega con silencios: menos alcance, menos visibilidad, menos acceso, menos ingreso.

### Dinero que habla, teléfonos que miran, leyes que callan

En capítulos recientes profundizaste en el dinero programable como "esclavitud digital del alma". El efectivo tiene un "defecto" gravísimo a los ojos del sistema: no chivatea. No le cuenta al gobierno a qué iglesia aportas, qué libros teológicamente "peligrosos" compras, a qué medio alternativo apoyas o qué familia ayudaste en secreto. Una CBDC sí. Cada transacción dice quién eres, a quién amas, qué temes, cuánto confías y qué estás dispuesto a perder.

El teléfono dejó de ser solo aparato de comunicación para convertirse en sensor de hábitos, mapa de relaciones, registro de movimientos. Pantallas que parecen neutrales entrenan deseos, fabrican escándalos y normalizan valores. El mismo dispositivo que te permite transmitir un estudio bíblico al otro lado del mundo puede, con un cambio de reglas, cortar en seco tu capacidad de predicar si cruzas alguna línea ideológica.

Entre el dinero que habla, los teléfonos que miran y las leyes que callan se va tejiendo una red donde la libertad de conciencia deja de ser un derecho dado por Dios y empieza a parecer un permiso revocable por el algoritmo. Eso no significa que cada funcionario y cada programador sea un villano consciente; significa que el corazón humano, sin temor de Dios, tiende naturalmente a usar cualquier herramienta para preservar su poder y castigar toda disidencia que le recuerde sus límites.

## De la espada al algoritmo

No se trata solo de que el Estado diga "no puedes hablar así"; se trata de que bancos, plataformas y reguladores concluyan que apoyar económicamente ese tipo de mensaje te convierte en persona "de riesgo". La censura ya no llega en forma de policía tumbando puertas, sino en forma de algoritmo tumbando cuentas y procesadores de pago cerrando pasarelas "por incumplimiento de políticas de uso".

El propio Mark Zuckerberg reconoció públicamente en agosto de 2024 que, durante la pandemia, la Casa Blanca y agencias federales ejercieron presión sobre Meta para que redujera o bajara contenidos incómodos sobre COVID-19 y otros temas sensibles. No era simple paranoia conservadora; había coordinación directa entre poder político y púlpito digital para decidir qué podía circular y qué debía ser enterrado en nombre de la "salud pública" y la "protección frente a la desinformación".

Y si eso ocurre con memes, estadísticas y opiniones "incómodas", imagina lo que pasa cuando el contenido es abiertamente provida, profamilia o cristiano. No es teoría: al entonces presidente Donald Trump lo expulsaron de las grandes plataformas durante su mandato, señal clara de que ni el cargo más alto del mundo está a salvo cuando choca con la catequesis cultural vigente. Y a miles de creyentes anónimos —entre ellos quien escribe estas líneas— nos han cerrado cuentas, limitado el alcance y borrado publicaciones sin derecho real a réplica, simplemente por no repetir el credo pro-muerte, pro-mutilación de niños, anti-agenda 2020, la agenda del abecedario y toda agenda anti-evangelio que la élite decidió canonizar.

El mensaje es claro: si no rindes tu conciencia al nuevo sacerdocio digital, te apagan el micrófono ahora… y cuando el sistema empiece a colapsar la vida pública de los que no se alinean, ya tendrán listo el botón para cerrarte también la billetera. Hoy es "esta publicación infringe normas"; mañana será "esta persona no es segura para el ecosistema financiero".

## Psicología del silencio:
## del miedo a perder seguidores al miedo a perder pan

Desde la psicología, la táctica es tan antigua como efectiva: condicionar la conducta a través de recompensas y castigos graduales. Al principio, solo notas que ciertas publicaciones "no se mueven". Luego descubres que algunos temas "no conviene tocar". Después, te advierten que hablar de determinados asuntos podría traerte problemas en el trabajo, en la universidad, en la visa, en el seguro, en la reputación. Al final, te descubres pidiendo permiso a un panel invisible antes de abrir la boca.

El corazón humano, herido por el pecado, tiende a amar demasiado la aceptación y a temer demasiado el rechazo. Eso explica la rapidez con que muchos creyentes han aprendido a auto-censurarse. No porque hayan cambiado de convicciones, sino porque han interiorizado un semáforo en la mente: "esto lo digo en el culto, pero no lo pongo en redes"; "esto lo creo, pero no lo asocio con mi nombre"; "esto lo sé, pero mejor no lo comparto, no vaya a ser que me cierren la cuenta".

Jesús, sin embargo, enseñó otra aritmética: "Al que me negare delante de los hombres, yo también le negaré delante de mi Padre." La presión cultural no es excusa para domesticar el evangelio. Cuando la Iglesia adapta su mensaje para conservar plataformas, termina predicando un Cristo sin cruz: amable, inofensivo, decorativo. No incomoda a nadie… y no salva a nadie.

## Sociología del consenso:
## cuando el "bien común" se come la conciencia

La sociología del control muestra cómo el sistema deja de necesitar inquisidores cuando logra convertir a la mayoría en vigilantes voluntarios. No hace falta que un gobierno prohíba expresamente un sermón; basta con que la universidad lo considere "discursos de odio", que el banco lo perciba como "riesgo reputacional", que la plataforma lo marque como "contenido sensible" y que los vecinos lo miren como "fanatismo peligroso".

**El nuevo totalitarismo no siempre grita; a menudo susurra:**

- Si quieres seguir vendiendo, adapta tu lenguaje.
- Si quieres mantener tu canal, evita esos temas.
- Si quieres conservar tu certificación, firma estas "declaraciones de inclusión".

- Si quieres acceso a fondos, comprométete a no difundir "contenido divisivo".

Bajo la bandera del "bien común" se van trazando líneas rojas que, poco a poco, desplazan la autoridad de la Palabra hacia la autoridad del consenso. Lo que ya no se puede decir en público deja de enseñarse en privado, y lo que deja de enseñarse termina por dejar de creerse. Es cuestión de tiempo.

En ese contexto, los episodios de censura contra voces cristianas no son accidentes aislados; son señales de un sistema que intenta redefinir la moral desde arriba, y que considera intolerable cualquier lealtad que no pase por la caja registradora de sus valores. El problema no es solo que persigan a la Iglesia; es que tratan de reeducarla para que bendiga lo que Dios maldice y condene lo que Dios aprueba.

## Teología del silencio:
## lo que revela la mordaza

Teológicamente, la censura contra la verdad bíblica no sorprende; confirma el diagnóstico de Jesús: "el mundo me aborrece porque yo testifico de él que sus obras son malas". Donde el evangelio se predica en serio, siempre estorba. Estorba al mercado que explota, al poder que miente, a la ideología que idolatra identidades, al religioso que negocia principios por prestigio.

Lo nuevo no es el odio al mensaje, sino la sofisticación de los medios para acallarlo. Antes había mártires en coliseos; hoy hay mártires de reputación y de visibilidad. Antes te encarcelaban por imprimir tratados; hoy te expulsan de la conversación pública sin barrotes físicos, pero con efectos parecidos: tu voz deja de llegar.

Desde la escatología, esta ofensiva contra la verdad forma parte del escenario anunciado: una generación que no soportará la sana doctrina, que se amontonará maestros conforme a sus propios deseos, que apartará de la verdad el oído y se volverá a las fábulas. La "hora undécima" no será un tiempo donde la verdad sea simplemente ignorada, sino un tiempo donde será activamente combatida, ridiculizada, etiquetada como dañina y perseguida como amenaza.

Por eso Apocalipsis no solo habla de dragones y bestias, sino de "falsos profetas" que hacen señales delante de la bestia y engañan a los moradores de la tierra. Hoy, ese falso profeta puede tener forma de industria cultural, aparato educativo, conglomerado mediático o combinación de todos. Su tarea no es solo entretener, sino catequizar, y no solo catequizar, sino disciplinar: premiar al que repite la liturgia del día y castigar al que no se deja moldear.

### ¿Qué hace un discípulo cuando cierran la puerta?

La tentación natural es responder con dos extremos: o ceder por completo ("total, no vale la pena perder tanto por un post") o pelear con las armas del mundo (insultar, amenazar, conspirar, odiar). El Reino propone otra ruta: mansedumbre firme, verdad sin odio, valentía sin histeria, discernimiento sin ingenuidad.

En la práctica, eso implica varias cosas:

- Aprender a hablar con sabiduría: llamar pecado al pecado, pero sin usar la verdad como piedra para golpear personas.

- Estar dispuesto a perder acceso antes que traicionar a Cristo. Si mantener una cuenta, una beca o un contrato exige negar lo que Dios ha dicho, el discípulo sabe que la respuesta correcta es "no".

- Construir comunidades que no dependan al cien por ciento de plataformas prestadas. El apéndice práctico de este libro ofrece caminos concretos: diversificar canales, fortalecer la vida offline, formar creyentes que sepan reunirse, discipularse y sostenerse incluso si mañana las torres digitales se apagan para ellos.

- Orar por quienes persiguen, negocian o censuran. Jesús no nos autorizó a odiar al censor; nos ordenó amarlo y clamar por su conversión, sin por ello aprobar sus decisiones.

La Iglesia no está llamada a ganar una guerra de algoritmos, sino a ser fiel a su Señor. Si Él abre puertas, se aprovechan; si las cierran, se buscan otras; si llega el momento en que no haya ninguna puerta institucional abierta, seguirá existiendo la puerta del corazón del creyente, de su casa, de su mesa, de sus labios. Nadie puede confiscar eso sin tu consentimiento.

## Aterrizaje escatológico:
## cuando la última palabra no la tiene el algoritmo

Mirar la censura digital con ojos proféticos evita dos errores: minimizarla ("no es para tanto, siempre ha habido problemas") o absolutizarla ("ya no hay nada que hacer"). La Biblia no nos permite ni la ingenuidad ni la desesperación.

Por un lado, nos advierte: vendrán tiempos en que hablar verdad costará caro. No es casual que, en Apocalipsis, una de las imágenes centrales del pueblo fiel sea un grupo que "no amó sus vidas hasta la muerte". No se trata de buscar sufrimiento, sino de saber que puede llegar y decidir por anticipado a quién se obedecerá cuando las órdenes se crucen.

Por otro lado, nos consuela: la historia no termina con la cancelación de los santos, sino con la cancelación definitiva de la mentira. La bestia tiene plazo; el Cordero, no. Las plataformas tienen fecha de caducidad; el Reino, no. Los archivos de la nube pueden borrarse; el Libro de la Vida, no.

Si lees estas páginas y reconoces que el miedo a perder acceso, seguidores o seguridad te ha llevado a silenciar verdades que sabes que Dios te mandó a sostener, no te condenes; arrepiéntete. El mismo Señor que perdonó a Pedro después de tres negaciones sigue restaurando lenguas cobardes para convertirlas en bocas valientes. No hizo de Pedro un héroe perfecto; hizo de él un testigo quebrantado que aprendió a decir: "Es necesario obedecer a Dios antes que a los hombres".

El evangelio no se predica desde la soberbia de quienes "nunca fallan", sino desde la humildad de los que reconocen: "He callado cuando debía hablar. He buscado likes más que almas. He temido más al algoritmo que al Señor." Y desde ahí, vuelven a levantar la mirada hacia la cruz donde el Verbo encarnado fue silenciado por un sistema religioso y político que necesitaba callarlo… solo para descubrir, tres días después, que ninguna tumba, ningún sello y ningún guardia pueden retener la Palabra viva de Dios.

Ese Cristo crucificado y resucitado es la única garantía de libertad que no se puede 'de-plataformar'. Los sistemas podrán cerrar cuentas, pero no pueden cerrar el cielo. Podrán borrar perfiles, pero no pueden borrar nombres escritos en el Libro de la Vida. Podrán etiquetar tu fe como "discurso de odio", pero no pueden impedir que el Espíritu Santo susurre esperanza al corazón arrepentido.

Si sabes que hasta ahora has vivido negociando tu voz para no perder comodidad, hoy es buen día para entregar no solo tus palabras, sino tu vida entera a Jesucristo. Él no promete que tus publicaciones serán virales, ni que nunca te cerrarán ninguna puerta humana. Te promete algo infinitamente mejor: que si confías en Él, si te arrepientes de tus pecados y te rindes a su señorío, ningún poder en la tierra ni en el cielo podrá separarte de su amor.

Cuando llegue la hora undécima de tu historia personal, no importará cuántos seguidores acumulaste, sino a quién seguiste de verdad. Que ese día te encuentre del lado del Cordero que fue callado por nosotros para que hoy podamos hablar por Él. Y aunque el mundo te quite el micrófono, que nunca te robe la confesión que define al verdadero discípulo: "Jesús es el Señor".

EPÍLOGO

# ASÍ SE VIVE EN LA HORA UNDÉCIMA

Jesús contó una parábola en la que un dueño de viña salió a contratar obreros a distintas horas del día. Algunos comenzaron temprano, otros al mediodía, y otros apenas una hora antes del cierre. Cuando llegó el momento de pagar, todos recibieron el mismo salario. Los primeros protestaron, pero el dueño respondió: "¿No me es lícito hacer lo que quiero con lo mío? ¿O tienes tú envidia porque yo soy bueno?" En esa parábola está escondida la clave de la hora undécima: el tiempo final no es para negociar méritos, sino para recibir gracia.

En estas páginas recorrimos torres y templos, imperios y sistemas, desde la Babel de ladrillos y argamasa hasta la Babel digital de datos y algoritmos. Vimos desfilar faraones, Césares, totalitarismos modernos, monedas programables, vigilancia absoluta, créditos sociales y liturgias del control. Detrás de cada rostro y de cada decreto, el mismo pulso: un corazón humano que quiere organizar el mundo sin Dios y un Dios que sigue gobernando la historia sin pedir permiso.

Vivimos en ese último tramo. No es ya la mañana de la historia, ni la tarde de los grandes imperios, sino el crepúsculo donde la bestia se agita y el dragón ruge porque sabe que le queda poco tiempo. Es la hora undécima, y el Cordero sigue llamando obreros. A nadie le promete comodidad; a todos les ofrece recompensa eterna.

¿Cómo se vive en este tiempo? Primero, con discernimiento. El creyente de la hora undécima no puede caminar dormido. El mundo repite narrativas, levanta ídolos, fabrica números, ofrece placeres. El cristiano no se deja seducir porque sabe que detrás de la propaganda hay cadenas. Vive con la lámpara encendida, atento a la voz del Esposo que viene.

Segundo, con resistencia. La sociología del control quiere moldear conciencias, pero la iglesia responde con obediencia a Cristo. Como Daniel en Babilonia, como los mártires en Roma, como los reformadores frente a la corrupción, el creyente no dobla rodilla ante el sistema. Puede perder privilegios, puede ser cancelado, puede ser perseguido, pero mantiene la confesión: "Jesús es el Señor".

Tercero, con esperanza. El dragón parece fuerte, Babilonia parece invencible, la bestia parece eterna. Pero el creyente sabe que el final ya está escrito. El Cordero que fue inmolado reina en el trono. La Nueva Jerusalén no es utopía, es destino. El cristiano de la hora undécima no se desespera con las noticias ni se rinde ante las estadísticas; vive con los ojos puestos en el cielo nuevo y la tierra nueva.

Cuarto, con fidelidad en lo cotidiano. La hora undécima no se vive esperando señales espectaculares, sino siendo fiel en lo pequeño. Un padre que ora con sus hijos, una madre que enseña la Palabra, un joven que resiste la tentación digital, un anciano que sigue confiando en Cristo. La victoria final se construye con actos de fidelidad diaria que nadie aplaude en televisión, pero que el cielo registra.

Quinto, con proclamación. El mundo necesita escuchar que todavía hay esperanza. La bestia ofrece marca, pero el Cordero ofrece nombre. El dragón ofrece miedo, pero Cristo ofrece paz. Babilonia ofrece lujo, pero Jesús ofrece vida. La iglesia en la hora undécima no puede callar; debe predicar con urgencia, porque la noche avanza y el día está cerca.

Tal vez no seas legislador, banquero ni tecnócrata; tal vez "solo" seas padre, madre, joven, abuelo, empleado, pastor de una iglesia pequeña. Eso está bien. La Hora Undécima no se gana desde los palacios, sino desde las casas, las congregaciones locales y los corazones que deciden a quién van a adorar. No necesitas controlar gobiernos para ser fiel; necesitas rendir tu voluntad al Rey que ya gobierna.

El libro del Apocalipsis termina con una invitación que atraviesa los siglos: "Y el Espíritu y la Esposa dicen: Ven. Y el que oye, diga: Ven. Y el que tiene sed, venga; y el que quiera, tome del agua de la vida gratuitamente". Esa es la última palabra: gracia. No importa si llegaste a la hora primera o si apenas entras en la undécima. Lo decisivo no es cuándo, sino con quién. El Cordero espera con brazos abiertos.

Así se vive en la hora undécima: con discernimiento para no caer en el engaño, con resistencia para no ceder al sistema, con esperanza para mirar más allá del dolor, con fidelidad en lo cotidiano y con proclamación del evangelio. Se vive con la certeza de que la historia no la cierran los números de la bestia, sino el nombre del Cordero.

Y cuando todo termine, cuando las trompetas callen y los libros sean abiertos, quedará una sola verdad: el Cordero venció, y los que le siguieron vencieron con Él. Esa es la esperanza que arde aun en el crepúsculo. Esa es la fuerza que sostiene al creyente en la hora más oscura. Esa es la promesa que nos impulsa a decir con la iglesia de todos los siglos: "Amén; sí, ven, Señor Jesús".

APÉNDICE 1:
# BIBLIOGRAFÍA

## La Biblia
- Santa Biblia. Reina-Valera 1960. Sociedades Bíblicas Unidas.
- Holy Bible. King James Version. Oxford University Press.
- Biblia. Nueva Versión Internacional. Editorial Vida.

## Fuentes históricas y patrísticas
- **Agustín de Hipona.** (2003). *La ciudad de Dios* (ed. moderna). Madrid: Biblioteca de Autores Cristianos. (Obra original del siglo V).
- **Eusebio de Cesarea.** (1994). *Historia eclesiástica*. Grand Rapids, MI: Baker Book House.
- **Josefo, F.** (1987). *Antigüedades de los judíos* (trad. W. Whiston). Peabody, MA: Hendrickson Publishers.
- **Tácito, P. C.** (1996). *Anales* (ed. Penguin Classics). Londres: Penguin Books.

## Comentario bíblico y teología
- **Carballosa, E. L.** (1979). *Daniel y el reino mesiánico*. Grand Rapids, MI: Editorial Portavoz.
- **Carballosa, E. L.** (1995). *Apocalipsis: El mensaje de Jesucristo a su Iglesia*. Terrassa: Editorial CLIE.
- **Henry, M.** (1991). *Comentario bíblico de Matthew Henry, completo y sin abreviar*. Peabody, MA: Hendrickson Publishers.

- **Pentecost, J. D.** (1998). *Eventos del porvenir.* Grand Rapids, MI: Editorial Portavoz.
- **Ryrie, C. C.** (1986). *Basic Theology.* Chicago, IL: Moody Press.
- **Stott, J.** (1986). *The Cross of Christ.* Downers Grove, IL: InterVarsity Press.
- **Walvoord, J. F.** (1971). *Daniel: The Key to Prophetic Revelation.* Chicago, IL: Moody Press.

## Ensayo, sociología, psicología y crítica cultural

- **Arendt, H.** (2005). *Los orígenes del totalitarismo.* Madrid: Alianza Editorial. (Obra original publicada en 1951).
- **Debord, G.** (1999). *La sociedad del espectáculo.* Valencia: Pre-Textos.
- **Fromm, E.** (2006). *El miedo a la libertad.* Barcelona: Paidós. (Obra original publicada en 1941).
- **Foucault, M.** (2002). *Vigilar y castigar: Nacimiento de la prisión.* Madrid: Siglo XXI Editores. (Obra original publicada en 1975).
- **Huxley, A.** (2014). *Un mundo feliz.* Barcelona: Debolsillo. (Obra original publicada en 1932 como Brave New World).
- **Orwell, G.** (2003). *1984.* Barcelona: Debolsillo. (Obra original publicada en 1949 como *Nineteen Eighty-Four*).
- **Zuboff, S.** (2020). *La era del capitalismo de vigilancia.* Barcelona: Ediciones Paidós.

## Dinero digital, CBDC y control financiero

- Bank for International Settlements; Board of Governors of the Federal Reserve System; European Central Bank; y otros. (2020). Central Bank Digital Currencies: Foundational Principles and Core Features. Basilea: Bank for International Settlements.
- Bossu, W., Itatani, M., Margulis, C., Rossi, A., Weenink, H., & Yoshinaga, A. (2020). Legal Aspects of Central Bank Digital Currency: Central Bank and Monetary Law Considerations (IMF Working Paper 20/254). Washington, DC: International Monetary Fund.

- European Central Bank. (2020). Report on a Digital Euro. Frankfurt am Main: European Central Bank.

## Otros recursos afines utilizados de manera general

Diversos informes y comunicados del Banco de Pagos Internacionales (BIS), el Fondo Monetario Internacional (FMI), el Banco Central Europeo (BCE) y otros bancos centrales sobre monedas digitales de banco central (CBDC), pagos digitales y estabilidad financiera, consultados como marco de referencia general para el análisis de "dinero programable" y "control total" en la obra.

APÉNDICE 2:
# NOTAS BIOGRÁFICAS Y CONTEXTUALES

## PENSADORES Y REFERENCIAS HISTÓRICAS

### San Agustín de Hipona (354–430 d.C.)

Agustín fue obispo, teólogo y filósofo cristiano en el norte de África. Es considerado uno de los padres de la Iglesia latina y su influencia alcanzó tanto a católicos como a protestantes siglos después. Su obra La Ciudad de Dios nació en un contexto de crisis: el saqueo de Roma en el año 410, cuando muchos acusaban al cristianismo de debilitar al Imperio romano. Agustín respondió mostrando que ningún imperio humano es eterno, y que hay dos ciudades: la terrena (amor desordenado de uno mismo hasta despreciar a Dios) y la celestial (amor a Dios hasta despreciar las vanidades humanas).

En este libro lo citamos porque su visión ofrece un correctivo contra el totalitarismo moderno. El cristiano vive en la ciudad terrena, pero sin idolatrarla; obedece al Estado, pero relativiza todo poder frente al Reino de Cristo. Agustín nos recuerda que, aunque los imperios cambien de rostro, su espíritu arrogante es el mismo: creerse eternos.

Su legado pastoral es claro: vivir en este mundo sin absolutizarlo. En otras palabras: pagar impuestos, obedecer leyes, trabajar… pero sabiendo que nuestra ciudadanía final está en los cielos (Filipenses 3:20).

---

## Juan Calvino (1509–1564)

Calvino fue un reformador francés, líder en Ginebra, cuya obra <<Institución de la Religión Cristiana>> sentó bases para el protestantismo moderno. Su énfasis mayor fue la soberanía absoluta de Dios: todo lo creado está bajo Su señorío, y ninguna autoridad humana puede reclamar poder ilimitado.

Su aporte al tema del CONTROL TOTAL está en su convicción de que los gobiernos son necesarios, pero también pecadores, y por lo tanto deben ser limitados por la Palabra. Calvino no fue ingenuo: sabía que la corrupción y la ambición podían infiltrarse incluso en los más religiosos.

En la práctica, Calvino nos enseña que no hay área neutra: todo debe someterse a Cristo. Y que cuando un Estado, partido o líder pretende autonomía total, está reclamando un lugar que solo le pertenece a Dios.

---

## Abraham Kuyper (1837–1920)

Pastor reformado, académico, periodista y primer ministro de Holanda. Kuyper fue un pensador integral: fundó periódicos, universidades y partidos, convencido de que Cristo debía ser Señor de toda la vida, no solo del domingo en la iglesia.

Su famosa doctrina de la soberanía de esferas dice que Dios repartió la autoridad en distintos ámbitos (familia, iglesia, estado, trabajo, ciencia, arte). Cada esfera responde directamente a Dios, y ninguna debe invadir a las otras. Cuando el Estado quiere decidir qué predica la iglesia o cómo debe vivir la familia, eso es totalitarismo.

Lo citamos porque su pensamiento sigue vigente: donde hay pluralidad y límites claros, hay libertad; donde una esfera domina a las demás, hay opresión. Su célebre frase lo resume: "No hay un centímetro cuadrado en toda la creación sobre el cual Cristo no grite: ¡Mío!"

---

### Jeremy Bentham (1748–1832)

Filósofo y jurista inglés, fundador del utilitarismo. Ideó el concepto del panóptico, un modelo de prisión circular con una torre central desde la que un guardia podía observar a todos los presos sin que ellos supieran si eran vigilados. El resultado: los reclusos se autocontrolaban, aunque nadie los estuviera mirando.

Ese principio hoy es usado para entender la vigilancia digital moderna: cámaras, redes sociales, algoritmos. No necesitas látigos ni soldados; basta con la sospecha de que alguien te mira para que te auto-disciplines.

Por eso lo citamos: su idea demuestra cómo el control puede volverse invisible, pero no menos real. La pastoralidad bíblica nos enseña que "el ojo del Señor está sobre los que le temen" (Salmo 33:18), y que solo la conciencia formada en Cristo puede resistir al falso ojo omnipresente del Estado o del mercado.

---

### James Madison (1751–1836)

Padre fundador de Estados Unidos y cuarto presidente. Fue el principal arquitecto de la Constitución y uno de los autores de El Federalista, una serie de ensayos que explicaban por qué hacía falta dividir el poder en ramas y establecer frenos y contrapesos.

Su famosa frase: "Si los hombres fueran ángeles, no necesitaríamos gobierno; si los gobernantes fueran ángeles, no necesitaríamos límites al gobierno." Es un eco secular de la doctrina bíblica del pecado: el hombre es caído, y por eso necesita límites, no concentraciones de poder.

En este, tu libro, lo citamos para mostrar que la sabiduría política moderna coincide con la Escritura: todo poder humano debe ser limitado porque los hombres no son ángeles, y mucho menos dioses.

---

### Stanley Milgram (1933–1984)

Psicólogo social estadounidense. Su experimento más famoso (1961) mostró hasta qué punto la gente obedece a la autoridad, aunque eso signifique hacer daño. Participantes comunes aplicaban supuestas descargas eléctricas mortales a otros solo porque un "científico" lo ordenaba.

El hallazgo: la mayoría obedece, aunque su conciencia diga lo contrario. Eso explica cómo dictaduras logran que personas comunes participen en atrocidades.

En clave bíblica, Milgram confirma lo que Pedro dijo: "Es necesario obedecer a Dios antes que a los hombres" (Hechos 5:29). La conciencia cristiana formada es el antídoto contra la obediencia ciega.

---

## Solomon Asch (1907–1996)

Psicólogo polaco-estadounidense. Su experimento sobre conformidad mostró que la gente prefiere equivocarse con la mayoría antes que pensar sola. En una prueba simple de líneas dibujadas, la mayoría decía una respuesta absurda y la mayoría de los participantes se alineaban con el error colectivo.

Esto explica la presión social en cualquier época: preferimos ser aceptados antes que tener razón. La Biblia ya lo dijo: "No seguirás a los muchos para hacer el mal" (Éxodo 23:2).

En este libro lo usamos para mostrar que el control total no siempre se impone a la fuerza: a veces se perpetúa porque la gente prefiere la comodidad de la multitud que la soledad de la verdad.

---

## Philip Zimbardo (1933– )

Psicólogo estadounidense, director del famoso experimento de la prisión de Stanford (1971). Estudiantes comunes se dividieron en "guardias" y "prisioneros". En pocos días, los guardias se volvieron abusivos y los prisioneros sumisos, al punto de que el experimento tuvo que detenerse.

El hallazgo: los roles y las estructuras pueden transformar la conducta más rápido de lo que creemos. El mal no siempre surge de "monstruos individuales", sino de sistemas que corrompen.

Pablo lo explicó siglos antes: "No tenemos lucha contra sangre y carne, sino contra principados, contra potestades…" (Efesios 6:12). El pecado se institucionaliza, y por eso el cristiano debe discernir no solo personas, sino estructuras.

## Martin Seligman (1942– )

Psicólogo estadounidense, creador del concepto de indefensión aprendida. Descubrió que cuando los animales (y luego personas) experimentan repetidos fracasos o castigos inevitables, dejan de intentar escapar. Trasladado a la sociedad: después de tanta corrupción y represión, la gente se acostumbra a no luchar.

Jeremías lo dijo de manera profética: "Cada cual se volvió a su propia carrera, como caballo que arremete con ímpetu en la batalla" (Jeremías 8:6). La gente se resigna y corre sin reflexionar.

En la vida cristiana, el evangelio rompe esa indefensión: "Todo lo puedo en Cristo que me fortalece" (Filipenses 4:13). Seligman explica la psicología; la Biblia ofrece la salida: esperanza viva.

## APÉNDICE 3

# PERSONAJES Y CONTEXTOS BÍBLICOS

### Adán (Génesis 1–5)

Adán es el primer hombre creado por Dios, formado del polvo de la tierra (Génesis 2:7) y puesto en el huerto de Edén con el mandato de labrarlo y guardarlo. Fue llamado a ejercer dominio sobre la creación junto con Eva, su esposa, formada de su costilla (Génesis 2:22). Como cabeza federal de la humanidad, su desobediencia al comer del fruto prohibido trajo la caída (Romanos 5:12).

La relevancia de Adán en el tema del control es doble. Primero, él mismo cedió al engaño de creer que podía ser "como Dios" (Génesis 3:5), lo cual es la raíz de todo proyecto totalitario: usurpar lo que solo corresponde al Creador. Segundo, en él vemos cómo el pecado no solo afecta a individuos, sino que distorsiona sistemas completos: familia, trabajo, relaciones.

Adán nos recuerda que el verdadero control no está en nuestras manos, sino en las de Dios. Cristo, el "último Adán" (1 Corintios 15:45), vino a restaurar lo que el primero arruinó.

## Nimrod y Babel (Génesis 10–11)

Nimrod, nieto de Cam e hijo de Cus (Génesis 10:8), es descrito como "el primer poderoso en la tierra" y "vigoroso cazador delante de Jehová". Su reino comenzó en Babel, en la tierra de Sinar, y de allí se extendió hacia Asiria y Nínive. Es el arquetipo del líder que busca centralizar poder.

Bajo su espíritu, los hombres edificaron la torre de Babel (Génesis 11:4): "Vamos, edifiquémonos una ciudad y una torre cuya cúspide llegue al cielo; y hagámonos un nombre." No era solo arquitectura, era teología torcida: sustituir dependencia de Dios por un proyecto humano de uniformidad.

Dios confundió las lenguas y dispersó a las naciones. Esa dispersión fue gracia preventiva: un freno contra la concentración que oprime. Babel muestra que los imperios caen, pero el orgullo humano insiste en reconstruirlos con otros nombres: globalismo, totalitarismo, tecnocracia.

---

## José (Génesis 37–50)

Hijo de Jacob y Raquel, el penúltimo de doce hermanos. Vendido como esclavo por la envidia de sus hermanos, llegó a Egipto y, tras años de pruebas, fue exaltado como administrador del reino (Génesis 41:40). José es un ejemplo de fidelidad en la adversidad, y de cómo Dios convierte el mal en bien (Génesis 50:20).

Sin embargo, su política de racionamiento durante la hambruna (Génesis 47:20–21) concentró toda la tierra "para Faraón". Aunque la intención era salvar vidas, el resultado fue un sistema de dependencia estatal. Esto enseña que aun los planes bien intencionados pueden derivar en estructuras opresivas si el poder queda sin límites.

José es relevante porque muestra la tensión entre provisión y control: Dios puede usar a un hombre para salvar a muchos, pero también nos advierte que ningún sistema humano debe convertirse en dueño de la vida y libertad de un pueblo.

---

## Faraón (Éxodo 1–14; contexto de Génesis 41–47)

Título de los reyes egipcios. El faraón que se levantó después de José "no conocía a José" (Éxodo 1:8) y esclavizó a Israel. Representa el poder estatal que convierte en opresiva la dependencia. Bajo su orden, los israelitas fueron sometidos a trabajos forzados, y hasta intentó exterminar a los varones hebreos.

El faraón encarna el espíritu de la bestia: exigir obediencia total y desafiar al Dios verdadero. Sus magos imitaron señales, pero Jehová mostró Su soberanía a través de las plagas. La liberación de Israel (Éxodo 14) es paradigma de que ningún poder humano puede resistir al Señor del cielo y de la tierra.

En este libro, Faraón es advertencia de cómo la concentración de poder económico y político degenera en tiranía espiritual. Es recordatorio de que "para libertad nos libertó Cristo" (Gálatas 5:1).

---

## Josué (Éxodo 17; libro de Josué)

Hijo de Nun, de la tribu de Efraín. Fue asistente de Moisés desde joven y uno de los dos espías que confiaron en la promesa de Dios (Números 14:6–9). Tras la muerte de Moisés, Josué fue llamado a guiar a Israel en la conquista de Canaán.

Su célebre declaración al pueblo: "Yo y mi casa serviremos a Jehová" (Josué 24:15) resume el principio de la libertad de conciencia. Aunque las naciones se inclinaban a ídolos, Josué marcó la diferencia: cada familia debía escoger a quién servir.

Josué nos recuerda que la verdadera soberanía no está en reyes ni ejércitos, sino en el Dios que cumple Sus promesas. Su ejemplo es un llamado a elegir a Cristo aun cuando la mayoría elija ídolos modernos.

---

### Samuel (1 Samuel 1–25)

Último de los jueces y primer profeta en ungir reyes. Hijo de Elcana y Ana, nacido como respuesta a la oración ferviente de su madre (1 Samuel 1:20). Creció en el templo bajo la guía de Elí y desde joven escuchó la voz de Dios (1 Samuel 3).

Cuando Israel pidió un rey "como las naciones", Samuel se entristeció. Dios le respondió: "No te han desechado a ti, sino a mí me han desechado, para que no reine sobre ellos" (1 Samuel 8:7). Samuel advirtió al pueblo que el rey tomaría hijos, tierras y riquezas. Esa advertencia sigue siendo actual: el poder humano concentrado termina en opresión.

Samuel nos recuerda que el rechazo al gobierno divino siempre abre la puerta a gobiernos abusivos. Su ministerio nos llama a preferir la guía de Dios sobre la moda política del momento.

## Daniel (Daniel 1–12)

De linaje real en Judá, llevado cautivo a Babilonia. Fiel desde joven, rechazó contaminarse con la comida del rey (Daniel 1:8). Bajo varios imperios (Babilonia y Medo-Persia), se mantuvo íntegro en oración, sabiduría y profecía.

Sus visiones (Daniel 7) presentan a los imperios como bestias que devoran. El mensaje es claro: los reinos humanos parecen invencibles, pero todos caerán ante el Reino eterno del Hijo del Hombre.

Daniel enseña a vivir en sistemas opresivos con fidelidad, sin doblegarse. Su vida nos recuerda que aunque la bestia imponga decreto, el horno y los leones no son el fin: Dios libra a los que confían en Él.

---

## Pedro (Hechos, 1–2 Pedro)

Pescador de Galilea, llamado por Jesús como apóstol. Líder de la iglesia primitiva, predicó en Pentecostés y fue instrumento para abrir la fe a gentiles (Hechos 10). Aunque negó a Cristo tres veces, fue restaurado por el Señor.

Su frase clave en Hechos 5:29 —"Es necesario obedecer a Dios antes que a los hombres"— es el principio rector frente a la tiranía. Para Pedro, la obediencia civil tiene un límite: cuando las órdenes humanas contradicen la voluntad de Dios.

Pedro muestra que el coraje no viene de la carne, sino del Espíritu Santo. El cobarde que negó en un patio predicó con valentía ante el Sanedrín.

Eso nos recuerda que solo Cristo capacita a la Iglesia para resistir en tiempos de presión.

---

### Pablo (Hechos, cartas paulinas)

Nacido como Saulo de Tarso, fariseo celoso, perseguidor de la Iglesia. Cristo lo encontró en el camino a Damasco (Hechos 9) y lo transformó en apóstol a los gentiles. Autor de gran parte del Nuevo Testamento.

En Romanos 13 explicó que las autoridades son establecidas por Dios como orden para bien, pero nunca absolutas. Su propia vida lo demuestra: apeló a César cuando fue necesario, pero también resistió cuando la obediencia civil chocaba con la obediencia a Cristo.

Pablo encarna el equilibrio entre respeto al orden y fidelidad suprema a Cristo. Es modelo para una Iglesia que debe honrar a las autoridades sin idolatrarlas, y resistir cuando intentan ocupar el lugar de Dios.

---

### Juan (Evangelio, Cartas, Apocalipsis)

Hijo de Zebedeo, hermano de Jacobo. Llamado "el discípulo amado". Autor del Evangelio de Juan, tres epístolas y el Apocalipsis. Fue el último de los apóstoles en morir.

Desde la isla de Patmos escribió el Apocalipsis, visión profética donde la bestia representa el poder político-religioso que demanda culto y persigue a los santos. Su palabra clave: perseverancia.

Juan nos recuerda que la batalla no se gana con armas humanas, sino con la sangre del Cordero y la palabra del testimonio (Apocalipsis 12:11). Su visión anima a la Iglesia a mantenerse fiel hasta la venida gloriosa de Cristo.

---

## Antíoco IV Epífanes (175–164 a.C.)

Rey seléucida de Siria, famoso por su profanación del templo judío (167 a.C.). Se autoproclamó "Epífanes" (manifestación divina). Prohibió la ley, interrumpió sacrificios, introdujo culto pagano y desató persecución contra los fieles.

Daniel lo anticipa como figura del cuerno pequeño que se engrandece contra el pueblo de Dios (Daniel 8:9–12). Es considerado un "anticristo antes del Anticristo". Su reinado muestra cómo un poder político puede transformarse en tiranía espiritual.

Su historia advierte a la Iglesia que los ensayos de la bestia se repiten antes del clímax final. Y confirma que la fidelidad bajo persecución siempre tiene recompensa eterna.

*"La gracia del Señor Jesucristo sea con todos vosotros. Amén."*

(Apocalipsis 22:21)

EL CONTROL TOTAL – Del deseo humano de dominar al destino de la humanidad
Primera edición: 2025
ISBN: 979-8-9934128-0-1
© 2025 Moisés O. Mañón-Rossi
Impreso en Estados Unidos de América

## TEXTO DE CONTRAPORTADA

"Cuando digan: Paz y seguridad, entonces vendrá sobre ellos destrucción repentina" (1 Tesalonicenses 5:3).

El deseo humano de controlar al prójimo ha marcado toda la historia: imperios que se erigen, dictaduras que aplastan, sistemas que uniforman, gobiernos que vigilan y corporaciones que esclavizan con deudas y consumo. Ese mismo instinto que levantó la torre de Babel y los altares de Roma es el que hoy prepara el terreno para el último sistema global: el control total.

Este libro no es conspiración ni sensacionalismo. Es una lectura bíblica, histórica y profética del corazón humano que insiste en jugar a ser dios; un análisis del poder como idolatría, de la política como religión y de la economía como altar. Pero, sobre todo, es un recordatorio de que, en medio de las bestias que devoran, el Cordero sigue venciendo.

El Control Total mostrará al lector que la marca de la bestia no comienza en un chip, sino en un corazón que prefiere comodidad antes que santidad; que el anticristo no engañará por falta de evidencias, sino porque muchos habrán rechazado amar la verdad; y que la verdadera libertad no se encuentra en "vencer al sistema", sino en rendirse al único Señor que da vida eterna.

Este no es un libro para miedosos, sino para despiertos. Porque el reloj profético de Dios avanza, y la hora undécima ya no es futuro… es presente.

---

## SOBRE EL AUTOR

Moisés O. Mañón-Rossi (Otto Mañón) sirve como "aspirante a siervo inútil" o pastor en Iglesia Casa de Bendición Inc., apasionado por las almas y la escritura. Ha dedicado su vida a proclamar que Cristo es la única esperanza en medio de un mundo obsesionado con el poder y el control.

www.ingramcontent.com/pod-product-compliance
Lightning Source LLC
Chambersburg PA
CBHW021148160426
43194CB00007B/734